Kekasih
Orang
Sebuah Perjalanan Melepaskan
yang Tak Pernah Dimiliki
InfiniteVerse
Abraham Reymond

PUISI NOVEL KEKASIH ORANG

First edition. December 11, 2025.

ISBN: 979-8232508951

Written by Abraham Reymond.

Also by Abraham Reymond

7 Deadly Sins in Poetry
My Thief of Joy
Romanticized Sin

Darkness of Entertainment Industry
When Art Stands Above Life
Genius Lost in Silence
Art As Slavery

Heartbreak
Unreachable, Unavailable
Kekasih orang
Just A Dead Star
Will You Love a Depressed Person?
Puisi Novel Kekasih Orang

History of mankind
Verses of Three Kingdoms

Household Poetry

Kitchen Psalms

Daily Baptism

Lamentation

Not Dead, Not Living

Meratapi Nasib

How the Star Has Fallen

Death Is a Blessing

Lament of Sacred Spaces

Not Everyone Is Chosen

Praise & Worship Collection

The Epitome of Beauty

God of My Youth

Psalms For Children

Tuhan yang indah

Worship in Heartbreak

Registered in Heaven

Romance in the air

One Love Until the End

Senyuman yang kusuka

Girl of My Dreams

Sanctuary of the Parents

Romantic Novel in Verse

One Love Until the End: A Novel in Verse

The wonders of nature

God's Breath of Life

The Rooted Ones

Verses of animals and beasts

Ancient Echoes: Creatures of Old

Mythbeasts: Songs of the Imagined

Mythbeasts: Songs Of The Imagined, Illustrated Edition

Songs Beneath the Water

Wisdom Psalms

Wake up, sleeper

Berbahagialah

The Wisdom Chronicles

Building Churches in Our Youth

Money As My Servant

Their First Church is You

Worship Poetry Devotional

The Epitome of Beauty: A Poetry Devotional

God of My Youth: A Poetry Devotional

Standalone

Things We Overlook: A Mall Poetry Collection

Bites & Rhymes

Foundation of Logic And Reality

Girl of My Dreams

Girl of My Dreams: Illustrated Edition

Love in Style

Will You Love a Depressed Person?: Novel in Verse

Wake Up, Sleeper: A Poetry Devotional

Things We Overlook — Illustrated Edition

The Days When Magic Broke

Unreachable, Unavailable – A Novel in Verse

Watch for more at patreon.com/Reymondpoems.

Daftar Isi

Kekasih orang

Sebuah Puisi Novel

I. Awal Mula: Rasa yang Pelan-Pelan Tumbuh

Setiap cerita besar selalu dimulai dengan sesuatu yang kecil—
sebuah senyum yang muncul tanpa sengaja,
sebuah tatapan yang terlalu lama untuk disebut kebetulan,
atau sebuah hati yang tiba-tiba berdetak lebih pelan saat seseorang lewat di hadapanmu.
Di awal perjalanan ini, tidak ada tragedi.
Tidak ada penolakan, tidak ada luka, tidak ada air mata.
Yang ada hanya satu hal sederhana: *kehadirannya.*
Hadir yang tidak pernah kau minta,
tapi diam-diam mulai mengambil ruang di dalam dirimu.
Bagian ini adalah masa ketika rasa masih ringan:
percikan yang belum menjadi api,
angin yang belum menjadi badai.
Kau belum tahu apa-apa tentang patah hati,
tentang penolakan, tentang doa-doa yang tak terjawab.
Yang kau tahu hanya satu—
ada seseorang yang membuat hidupmu terasa sedikit lebih terang daripada biasanya.
Di sini, langkahmu masih ragu.
Harapanmu masih malu-malu.
Cintamu masih berbisik, belum berteriak.
Namun dari sinilah segalanya bermula:
dari momen-momen sederhana yang membuatmu percaya
bahwa kasih bisa tumbuh tanpa izin,
dan kerinduan bisa tercipta bahkan sebelum kau tahu alasannya.
Selamat datang di permulaan,

tempat hati mulai bergerak meski kepalamu belum siap.
Tempat di mana cinta, untuk pertama kalinya,
mengetuk pintumu dengan lembut.

ADA SAAT-SAAT KETIKA hati tidak meminta lebih dari sekadar melihat seseorang tersenyum. Bukan karena ia milikku, bukan karena aku menjadi alasannya, tetapi karena kebahagiaannya sendiri menjadi cahaya yang menenangkan batinku. Di awal perjalanan ini, aku belajar merayakan sesuatu yang tidak pernah dapat kugenggam: sukacita yang tumbuh pada diri orang lain. Ada kelegaan yang aneh, semacam keteduhan, ketika melihat terang itu hadir meski tidak menuju ke arahku. Mungkin beginilah cinta ketika ia masih sederhana—ia hanya ingin kebaikan bagi sosok yang membuat hidup terasa sedikit lebih hangat.

MELIHATMU BAHAGIA

Hey wanita hebat
Aku suka melihatmu bahagia
Walau bukan aku yang membuatmu tersenyum
Melihatmu bahagia itu yang penting bagiku
Kebahagiaanmu itu anugerah dari Tuhan
Melihatmu bahagia membuatku lega
Padahal bukan aku yang membuatmu begitu
Tapi tak apa asal kau bersukacita
Hey wanita kuat
Aku sungguh suka melihatmu senang
Walau bukan aku yang membuatmu tertawa
Melihatmu senang itu adalah prioritasku
Kulihat kau tersenyum
Kulihat kau bahagia
Meski bukan kar'na aku
Kulihat kau tertawa
Kulihat kau senang
Walau tanpa diriku
Bersukacitalah senantiasa

DI ANTARA JARAK DAN kenyataan, aku menemukan ketenangan kecil: bahwa cintaku tidak perlu dibalas untuk tetap jujur. Ada bagian dari diriku yang perlahan menerima bahwa kebahagiaannya tidak harus berakar dariku agar tetap berarti bagiku. Mungkin di sinilah kasih mulai bertumbuh—ketika ia rela berada di belakang cahaya, namun tetap bersyukur melihatnya bersinar.

Ada saat-saat ketika jarak tidak tercipta oleh ruang, tetapi oleh cara seseorang menatap—or tidak menatap—ke arah kita. Keheningan yang dibiarkan terbuka sering kali lebih menusuk daripada kata-kata yang pahit. Dari tempatku berdiri, aku belajar bahwa tidak semua perhatian dapat dipinta, dan tidak setiap sapaan akan dipeluk kembali. Namun tetap saja, hati yang berharap selalu mencoba sekali lagi, seolah sebuah salam sederhana mampu mengubah takdirnya. Dalam diam itu, aku mendengar diriku sendiri lebih jelas daripada sebelumnya.

ADA DIA YANG KUSUKA

Kusapa dia ketika dia datang
Tapi dia bersikap seolah aku tak ada
Kuyakin dia dengar sapaanku
Tadi hanya ada aku dan dia
Dia abaikan sapaku
Kuyakin dia dengar sapaku
Dia bukan orang tuli
Depresiku yang sudah cukup buruk 'pun menjadi semakin parah
Lalu saat ada orang lain datang
Dia menyapanya dan bicara dengannya
Ku sedih melihatnya
It makes me feel invisible
It's not like falling in love is a sin
Was it a mistake saying hello?
Will it kill her to say 'hello' back to me?
Hope is a sad thing
I shouldn't have tried at all
I'm just an NPC
Watching a female lead in her own story

MUNGKIN BEGITULAH ADANYA ketika rasa tidak menemukan tempat untuk pulang: ia berdiri di ambang pintu yang tak pernah terbuka. Ada perih yang tenang, sebuah kesadaran bahwa tidak semua kehadiran akan disambut. Namun dari luka kecil ini, aku mulai belajar membedakan antara harapan yang lembut dan harapan yang membuatku hilang arah. Kadang, menerima ketidakterlihatanku justru membuatku melihat diriku sendiri dengan lebih jernih.

Ada keheningan tertentu yang hanya muncul ketika seseorang terasa dekat di hati, namun jauh dalam segala hal lainnya. Jarak itu tidak selalu berbentuk batu atau kilometer; kadang ia hanyalah kenyataan bahwa keinginan tidak pernah sejalan dengan kemungkinan. Ada rasa rindu yang tumbuh tanpa izin, tetapi tak pernah menemukan tempat untuk bertaut. Dalam ketidaksanggupan itu, hati belajar menunggu, meski tidak tahu apakah yang ditunggu memang akan menghampiri. Dan di balik segala upaya yang tak bersuara, terdapat kerinduan yang berdiri sendiri: tulus, rapuh, dan tetap berharap.

JAUH DARIMU

Mengapa ku jauh darimu?
Ku berusaha dekati
Tapi kau tetap jauh
Bagaikan matahari yang tak bisa digapai
Aku masih jauh darimu
Kuingin dekat denganmu
Selalu bersamamu kasih
Hanya itu yang kurindukan
Kenapa ku jauh darimu?
Ku coba dekatimu
Tapi kau jauh sekali
Bagaikan bintang yang hanya bisa dipandang
Aku sangat jauh darimu
Kuingin kau dekat denganku
Selalu bersamamu cinta
Hanya itu yang aku mau
Jauh darimu
Mengapa ku tak bisa dekat denganmu?
Apa aku tidak layak bagimu?
Apa aku kurang baik bagimu?

KADANG HATI MENCOBA menjembatani jarak yang sebenarnya tidak pernah bisa dijangkau. Ada kegetiran halus ketika menyadari bahwa kedekatan tak selalu dapat dipaksakan, seberapa pun besar keinginan yang menuntunnya. Namun dari kerinduan yang tak berbalas itu, muncul sebuah kesadaran kecil: bahwa tidak semua langkah menuju seseorang akan berujung pada pertemuan. Beberapa perjalanan hanya mengajarkan kita cara merawat perasaan tanpa harus memilikinya.

Ada kerinduan yang tumbuh bukan dari kepemilikan, tetapi dari kehadiran yang perlahan menjadi cahaya di dalam diri. Kadang keinginan yang paling tulus justru lahir dari sesuatu yang tidak bisa digenggam, sebuah hasrat sederhana untuk tetap berada di dekat seseorang yang membuat dunia terasa lebih lembut. Dalam keheningan yang panjang, aku menyadari bahwa harapan tidak selalu berbicara tentang masa depan—kadang ia hanyalah bisikan hati yang ingin merawat kebahagiaan orang lain. Dan di balik semua itu, ada keteduhan yang hadir setiap kali bayangannya menyeberangi pikiranku.

INGIN BERSAMAMU

Satu hal sederhana yang kuharap
Ku ingin bersamamu selalu
Kehadiranmu yang ku perlu
Senyumanmu menerangiku
Indah senyumanmu bagiku
Walau kau masih jauh di sana
Kuingin kau tau aku ingin bersamamu
Walau kau lebih memilihnya
Satu harapanku yang belum terpenuhi
Membuatmu tersenyum bahagia
Ku ingin bersamamu oh kasih
Tawamu adalah melodi
Indah terangmu dalam hidupku
Walau kau jauh bagaikan bintang
Kuingin kau tau aku sayang kamu
Walau kau sedang dengannya
Ingin bersamamu selalu
Itulah kerinduanku
Menyenangkanmu, membuatmu tersenyum

Itulah yang kumau
Kumau jadi alasanmu tertawa bahagia
Itulah yang kudoakan
Hidup bahagia bersamamu kelak
Itulah yang kunantikan
Indah senyumanmu bagiku
Walau kau masih jauh di sana
Kuingin kau tau aku ingin bersamamu
Walau kau lebih memilihnya

ADA KETULUSAN YANG tetap hidup meski pintu masa depan tidak pernah terbuka sebagaimana kuinginkan. Di balik segala jarak dan kenyataan yang tak bisa kuubah, aku masih menemukan alasan untuk bersyukur atas hadirnya seseorang yang tidak pernah benar-benar kumiliki. Harapan itu mungkin rapuh, namun ia membuatku mengerti bahwa mencintai kadang hanya berarti menjaga terang, meski cahaya itu tidak pernah kembali padaku.

Ada wajah-wajah yang membawa musimnya sendiri, dan kadang musim itu lebih kelabu daripada yang diharapkan. Sejak lama aku terbiasa hidup dalam raut yang tidak mampu menampung cahaya, seolah kegembiraan harus bekerja lebih keras untuk menemukan tempatnya di dalam diriku. Namun setiap kali bertemu seseorang yang memancarkan terang tanpa usaha, ada bagian kecil dalam diriku yang kembali percaya bahwa kebahagiaan bukan konsep yang asing bagiku. Dalam diam, aku belajar bahwa kerinduan untuk berubah sering kali lahir dari perjumpaan dengan seseorang yang menghadirkan kemungkinan baru. Dan meski aku tak pernah tahu apakah kemungkinan itu akan menjadi nyata, hatiku tetap mengetuk pintu-pintu kecil yang membuka ruang bagi harapan.

MUKA SEDIH

Entah kenapa kupunya muka sedih sejak kecil
Muka sedih ini menghambat hidupku
Kuingin tersenyum sepertimu
Kumau tertawa bahagia seperti kamu
Entah mengapa raut wajahku selalu sedih
Tak ada yang peduli lagi rupa sedih ini
Kuingin hidup positif sepertimu
Kumau bersinar terang seperti kamu
Kau selalu terlihat bahagia
Kulihat sukacita Tuhan ada di mukamu
Tak seperti muka sedih yang kupunya
Kuingin bersukacita seperti dirimu
Kaulah wujud sukacita
Yang dianugerahkan Tuhan kepadaku
Tak seperti muka cemberutku
Sukacitamu membuatku berharap
Kuingin kau selalu bersamaku

Mungkin muka sedihku akan hilang kalau kau mencintaiku
Tapi ku lelah menaruh harapan
Jangan-jangan ku kecewa lagi
Kuingin kau mencintaiku selalu
Kuingin kau tahu betapa besar cintaku padamu
Tapi apa itu bisa terjadi
Sebab kau sudah dengannya

ADA KALANYA DIRI INGIN percaya bahwa kehadiran seseorang mampu mengubah apa yang tak pernah berhasil disembuhkan oleh waktu. Namun perlahan aku mengerti bahwa wajah yang suram pun bisa menyimpan ketulusan, dan rasa rinduku tidak harus dibalas untuk tetap bermakna. Dalam kesadaran yang sunyi ini, aku belajar menerima diriku—bahwa harapan boleh datang dan pergi, tetapi hati tetap dapat menemukan ketenangan meski tak satu pun mimpi menjadi kenyataan.

Ada kalanya hati memilih arah yang tidak pernah kuminta, seolah rasa memiliki kehendaknya sendiri. Setiap perjumpaan membawa harapan kecil, namun juga ketakutan akan pola yang terus berulang. Dalam diam, aku mencoba memahami mengapa rasa selalu tiba terlambat—mengapa yang kutemui hanyalah sosok-sosok yang sudah menemukan tempat berlabuh. Mungkin cinta memang tidak selalu datang sebagai anugerah; kadang ia hadir sebagai pelajaran yang lembut namun menyakitkan. Namun tetap saja, di balik seluruh kelelahan itu, terselip keinginan sederhana untuk akhirnya dicintai tanpa harus mendahului siapa pun.

KEKASIH ORANG

Pertama kali jatuh cinta
Indah momen bersamanya
Tapi dia tak cinta
Sebab sudah punya pacar
Suka pada kekasih orang
Maaf kalau aku mengganggu
Kuharap kau bahagia
Meskipun pacarmu bukan aku
Kedua kali jatuh cinta
Sinar matanya indah
Menerangi gelapnya hidupku
Sayangnya dia sudah dimiliki
Lagi-lagi suka kekasih orang
Apa daya rasa timbul
Kuingin kau senang
Walaupun bukan aku kekasihmu
Jadi takut jatuh cinta
Jangan-jangan suka kekasih orang lagi
Kuharap ada yang suka aku duluan

Biar tak sedih akhirnya

TAK ADA YANG LEBIH sunyi daripada mencintai seseorang yang sudah menemukan rumahnya di hati orang lain. Namun dalam kesunyian itu, ada kerendahan hati yang perlahan tumbuh: bahwa kebahagiaan mereka bukanlah kekalahanku. Dan mungkin suatu hari, ketika aku berhenti berlari mengejar yang tak bisa kumiliki, cinta yang tepat akhirnya akan berjalan sendiri menghampiriku.

Ada masa ketika hati merasa baru saja selesai bernafas dari satu luka, lalu tiba-tiba harus menahan sesak yang lain. Perasaan bergerak lebih cepat daripada pemulihan, seolah ia tidak pernah belajar dari jejak yang ditinggalkannya sendiri. Dalam pergantian rasa yang terlalu dekat jaraknya, aku bertanya-tanya apakah cinta memang selalu datang sebagai ujian kecil: menguji kesabaran, ketabahan, dan kemampuanku menerima kenyataan yang tidak kupilih. Ada letih yang tidak diucapkan, ada harapan yang belum sempat tumbuh tetapi sudah harus dipertimbangkan kembali. Dan di tengah kebingungan itu, aku hanya ingin menemukan sedikit keteduhan untuk memahami apa yang sebenarnya hatiku cari.

BARU AJA MOVE ON

Tahun ini ku move on dari dia
Sekarang kamu yang kusuka
Ku suka caramu tersenyum dan tertawa
Kamulah terang duniaku
Tapi saat kulihat kau dengan pria itu
Ku mulai bertanya-tanya
Apa aku punya kesempatan memilikimu?
Baru aja move on, apa harus move on lagi?
Baru aja ku move on dari dia
Sekarang kamu yang kusayang
Ku suka caramu hadir dalam hidupku
Kamulah mataharíku
Tapi saat kulihat kau dengan si dia
Ku mulai ragukan jalanku
Apa aku bisa memilikimu?
Baru aja move on, apa harus move on lagi?
Ku tak tahu apa yang harus kulakukan
Enaknya lanjut berharap atau move on?

Baru aja move on, sakit hati ini
Oh Tuhan Yesus, ku berserah kepada-Mu
S'bab Kau Penciptaku

KADANG PERJALANAN HATI terasa seperti lingkaran yang tak kunjung menemukan ujungnya. Baru saja aku belajar melepaskan, aku harus mempertimbangkan hal yang sama sekali lagi. Namun dalam kelelahan itu, ada ruang kecil yang mengajarkan ketenangan: bahwa tidak semua rasa harus dipaksakan menjadi milik, dan tidak semua harapan harus berakhir pada kepemilikan. Mungkin dari sini, aku belajar bahwa kesembuhan tidak datang dari menemukan seseorang—melainkan dari menemukan diriku sendiri.

Ada cinta yang hadir begitu sunyi hingga tidak menuntut apa pun selain ruang untuk tetap ada. Ia tidak meminta kepastian, tidak menagih balasan, dan tidak menuntut kedekatan—ia hanya ingin hidup dengan cara yang paling sederhana. Dalam keheningan batin itu, aku belajar bahwa perasaan tidak selalu harus ditekan untuk tetap benar; ia hanya perlu diarahkan agar tidak melukai siapa pun. Ada keteduhan yang muncul ketika aku menerima kenyataan bahwa rasa dapat tetap murni meski tidak memiliki tempat untuk bertaut. Dan dari keteduhan itulah, perlahan, aku memahami bahwa mencintai pun bisa menjadi bentuk penghormatan.

MENCINTAIMU BUKANLAH dosa

Aku selalu cinta kamu
Sejak dulu sampai sekarang aku sayang kamu
Walau kau sudah ada yang punya
Tapi apa daya hati ini jatuh cinta
Mencintaimu bukanlah dosa
Asalkan aku tetap menghormatimu
Mengasihimu itu perintah Tuhan
Kita diciptakan untuk saling mengasihi
Aku selalu sayang kamu
Dari dulu sampai sekarang kamu yang kucinta
Meski hatimu sudah ada yang punya
Tapi apa daya hati ini jatuh suka
Mencintaimu bukanlah dosa
Yang penting aku tetap menghargaimu
Mengasihimu itu kehendak Tuhan
Kau diciptakan untuk kukasihi
Aku cinta kamu
Walau kamu bukan milikku
Aku sayang kamu

Meski kamu bukan untukku
Aku tak pernah menyesal mencintaimu
Kau ada untuk kukasihi
Aku mau kamu bahagia selalu
Sekalipun bukan aku yang di sisimu

ADA KEDEWASAAN YANG perlahan tumbuh ketika aku berhenti mengukur cinta dari jawaban yang kuterima. Perasaan ini mungkin tak pernah berbalas, namun ia tetap menjadi bagian dari diriku—tenang, jujur, dan apa adanya. Dan meski dunia tidak mengizinkan kita berjalan berdampingan, aku tetap bersyukur pernah merasakan sesuatu yang begitu tulus. Kadang, itu sudah cukup.

Ada pertanyaan-pertanyaan yang hanya berani diucapkan ketika malam sedang paling tenang—pertanyaan yang tidak meminta jawaban, hanya ingin ditemani. Di titik-titik seperti itu, aku merasakan betapa rapuhnya hati ketika berhadapan dengan sesuatu yang tidak bisa kugenggam, meski seluruh diriku menginginkannya. Cinta kadang datang tanpa alasan, dan pergi pun tanpa penjelasan. Aku belajar bahwa perasaan tidak selalu patuh pada batas yang kutetapkan, dan kerinduan tidak mengenal logika apa pun. Namun dalam kegelisahan yang lembut ini, aku tetap mencari makna yang mungkin tersembunyi di balik setiap pertemuan yang tidak dapat kumiliki.

SALAHKAH KU MENCINTA

Oh Tuhan, kenapa kucinta dia?
Jika bukan dia yang bisa kupunya, kenapa dia yang kumau?
Aku tau aku tak layak dicintainya
Salahkah ku mencinta?
Ku mencintai dia walau dia tak mau denganku
Ku sayangi dia walau dia tak memilihku
Ku rindukan dia walau dia memilihnya
Ku inginkan dia walau dia punya orang lain
Oh Tuhan, lagi-lagi kenapa dia?
Jika dia tak bisa kumiliki, kenapa dulu harus bertemu?
Aku tau aku kurang baik baginya
Salahku ku mencinta?
Tak sengaja ku jatuh cinta pada dirinya
Padahal dirinya tak pernah menginginiku
Kucintai dirinya yang indah bagaikan matahari
Walau dirinya mengabaikan cintaku
Ingin kuabadikan indah senyummu di hatiku
Kaulah kado natal yang terindah bagiku

KADANG AKU MERASA CINTA adalah langkah yang kuambil tanpa tahu ke mana ia akan membawaku. Ada saat-saat ketika rasa ini terasa seperti kesalahan, namun justru dari kelembutan itulah aku mengenali bagian terdalam dari diriku. Mungkin mencinta bukan soal pantas atau tidak; mungkin ia hanya cara hati belajar memahami keindahan yang tidak dapat dimiliki. Dan di tengah seluruh ketidakpastian itu, aku tetap bersyukur pernah tersentuh oleh senyumnya.

Ada cinta yang memilih jalan paling sunyi—jalan yang tidak menuntut balasan, tidak meminta kepastian, dan tidak berusaha mengubah apa pun yang sudah ditetapkan kehidupan. Dalam kesunyian itu, aku belajar merawat perasaan yang lembut namun dalam, seolah ia hanya ingin hadir tanpa mengusik siapa pun. Ada keindahan kecil ketika mampu mengagumi seseorang tanpa memaksanya menjadi milikku. Dan meskipun hati kadang merasakan perih yang halus, aku tetap menghargai kehadiran rasa ini, karena ia membuatku mengenal sisi paling jujur dari diriku sendiri.

MENCINTAI TANPA MEMILIKI

Wanita cantik yang hebat adalah kamu
Aku cinta kamu dan senyummu itu
Sinar matamu pancarkan kasih
Sayangnya aku tidak memilikimu
Kamu kucinta tapi tak kupunya
Aku hanya bisa mencintai tanpa memiliki
Aku berharap kau bahagia di sana
Walau kamu tak berada di sisiku
Perempuan manis yang kuat adalah kamu
Aku suka kamu dan tawamu itu
Tatapan matamu meluluhkan hati
Tapi kamu sudah dimilikinya
Kamu kusuka tapi kamu miliknya
Diriku hanya bisa mencintai tanpa memiliki
Aku berdoa kau selalu bersukacita
Meski bukan aku yang membuatmu begitu

ADA KELEGAAN YANG ANEH ketika aku menerima bahwa tidak semua cinta ditakdirkan untuk menjadi dekat. Mencintainya dari jauh membuatku memahami bahwa rasa tidak harus dimiliki untuk tetap tulus. Dan meski dunia tidak mempertemukan kita dalam cara yang kuinginkan, aku tetap bersyukur pernah merasakan sesuatu yang begitu lembut dan jernih.

II. Harapan: Ketika Hati Berani Mendekat

Ada masa ketika hati mulai berani melangkah sedikit lebih dekat, meski tanah di depannya masih terasa rapuh. Di titik ini, harapan bukan lagi bisikan samar, melainkan nyala kecil yang mencoba hidup meski ditiup angin keraguan. Pandangannya semakin sering tertuju pada satu sosok, dan setiap percakapan, sekecil apa pun, terasa seperti kemungkinan baru. Namun bersama keberanian itu, muncul juga ketakutan yang halus—takut berharap terlalu jauh, takut kecewa seperti sebelumnya, takut salah menafsirkan tanda-tanda yang mungkin tidak pernah ada.

Bagian ini adalah ruang bagi "mungkin"—kata yang lembut namun berbahaya. Di sinilah hati belajar membuka diri sedikit demi sedikit, seolah ingin meyakinkan diri bahwa keajaiban masih mungkin terjadi. Harapan yang rapuh ini bukan kesombongan; ia hanyalah cara hati mencari tempat untuk berlabuh, walau belum tahu apakah pantainya benar-benar ada.

Dan dalam setiap langkah kecil yang diambil, ada getaran di dada yang mengingatkan bahwa jatuh cinta, pada akhirnya, selalu merupakan bentuk keberanian.

Ada harapan yang tumbuh begitu pelan hingga aku baru menyadarinya ketika ia sudah memenuhi ruang di dalam diriku. Rasanya seperti berdiri di ambang cahaya—cukup dekat untuk melihat keindahannya, namun terlalu jauh untuk dapat menyentuhnya. Dalam perjalanan ini, aku sering kali tersesat antara keberanian dan ketakutan: berani berharap, namun takut menemukan jawaban yang tidak ingin kudengar. Namun tetap saja, ada bagian dari diriku yang terus mencari secercah kemungkinan, seakan satu langkah kecil bisa mengubah segalanya. Di titik-titik seperti inilah hati terasa paling rentan, namun juga paling jujur.

KUKIRA

Terangmu mengubah hidupku
Tak lagi ku hidup dalam dosa
Ku jatuh cinta padamu
Tapi kau tak menginginiku
Kukira aku punya kesempatan
Tapi kau tak beri kesempatan
Kukira aku boleh mendekatimu
Tapi kau menjauh dariku
Cahayamu baharui diriku
Tak lagi ku hidup dalam kegelapan
Ku jatuh suka padamu
Tapi kau tak mau diriku
Kukira aku bisa memilikimu
Tapi kau sudah menjadi miliknya
Kukira aku bisa jadi temanmu
Tapi kau bersikap dingin padaku
Ku tau ku tak boleh berharap
Tapi apa daya hati ini menginginimu
Tolonglah jadi milikku

Karena ku tak mau lupakanmu

HARAPAN KADANG BERUBAH menjadi cermin yang memantulkan kenyataan yang tak ingin kuakui. Meski aku tahu batas yang tak boleh kulewati, perasaanku tetap bergerak dengan caranya sendiri. Pada akhirnya, mungkin yang bisa kulakukan hanyalah menerima bahwa tidak semua terang yang kusukai dapat kujadikan tempat untuk pulang. Namun dari keterbatasan itu, aku belajar bahwa mencinta pun membutuhkan keberanian untuk melepaskan.

Ada saat-saat ketika hati mencari alasan atas luka yang bahkan tidak ia mengerti sepenuhnya. Di ruang sunyi itu, aku sering berdiri sendirian, mencoba menimbang diriku dengan cara yang tidak selalu adil. Ada kecenderungan untuk menyalahkan diri atas hal-hal yang tidak pernah berada dalam genggamanku, seolah kekuranganku adalah satu-satunya penjelasan atas jarak yang tak bisa kujembatani. Namun perlahan aku mulai sadar bahwa kerinduan dan kegagalan tidak selalu lahir dari kesalahan pribadi. Di antara napas yang berat dan doa yang lirih, ada keinginan untuk memaafkan diri sendiri dan memulai kembali dengan langkah yang lebih lembut.

SEMUA SALAHKU

Semua ini kesalahanku
Ku belum cukup baik bagimu
Andai saja ku bisa seperti dia
Membuatmu tersenyum dan tertawa
Kenapa semua salahku?
Dulu dan sekarang selalu aku yang salah
S'lalu aku yang kurang baik
S'lalu aku yang tidak cukup
Semua ini salahku lagi
Ku tak bisa membuatmu bahagia
Andai saja ku bisa menjadi temanmu
Menemanimu kala suka dan duka
Mengapa semua salahku?
Lagi-lagi selalu aku yang salah
S'lalu aku yang tidak layak
S'lalu aku yang kurang kuat
Maafkan aku bila aku berbuat salah
Maafkan aku bila aku belum bisa membuatmu bahagia
Maafkan diri ini yang gagal membuatmu tersenyum

Maafkan diri ini yang belum bisa menyenangkanmu
Tuhan Yesus, ampuni semua kesalahanku
Biar aku bisa mengampuni diriku sendiri
Berikan aku iman kepada-Mu
Agar aku dapat hidup berani

MUNGKIN PERLAHAN AKU akan belajar bahwa tidak semua kehilangan adalah hukuman, dan tidak semua jarak adalah bukti kegagalan. Ada kelembutan yang tumbuh ketika seseorang berani melihat dirinya dengan belas kasih, bukan penyesalan. Dan dalam perjalanan itu, aku berharap dapat menemukan kekuatan untuk mencintai tanpa menyakiti diriku sendiri lagi.

Ada harapan yang tumbuh begitu tenang tetapi runtuh dengan suara yang nyaris tak terdengar. Dalam momen-momen seperti itu, aku merasakan betapa berharganya sebuah kemungkinan, meski hanya hidup dalam anganku sendiri. Ada bagian dalam diriku yang terus mencari jalan untuk tetap percaya, meski kenyataan tidak pernah menawarkannya. Namun perlahan aku belajar menerima bahwa tidak semua keinginan dapat disatukan dengan kenyataan, dan tidak semua impian dapat bertahan. Di dalam keheningan itu, aku mencoba menjaga sisa-sisa keberanian yang tersisa.

HARAPAN YANG TAK TERPENUHI

Aku ingin bahagia bersamamu
Tapi sepertinya tidak mungkin
Kau telah menolak cintaku
Aku masih cinta kamu
Harapan yang tak terpenuhi
Dicintai olehmu hanyalah sebuah khayalan
Bahagia bersamamu hanyalah imajinasiku
Harapan ini membunuhku
Aku ingin selalu bersamamu
Tapi kamu gak mau bersamaku
Kau telah cinta pada dirinya
Aku masih menginginkan kamu
Harapan yang tak terpenuhi
Disayangi kamu hanyalah mimpi belaka
Hidup bersamamu hanyalah fiksi
Harapan ini menyakiti hati
Tak mau lagi ku taruh harapan pada manusia
Terkutuklah yang mengandalkan manusia
Ku mau berharap pada Tuhan
Maka hidupku akan diberkati oleh-Nya

HARAPAN SERING KALI meninggalkan jejak yang sulit hilang, meski kita tahu ke mana arah akhirnya. Namun dari luka kecil ini, aku mulai mengenali kekuatan untuk berdiri kembali tanpa menggantungkan diri pada seseorang yang tidak dapat menampung perasaanku. Mungkin tidak semua pintu terbuka agar aku memasukinya; sebagian hanya ada agar aku belajar kapan harus berhenti mengetuk. Dan dari kesadaran itu, aku menemukan ruang untuk bernapas lebih lega.

Ada pertanyaan yang lahir bukan dari logika, tetapi dari keberanian hati yang belum siap menyerah. Dalam diam, aku sering bertanya pada diriku sendiri apakah rasa ini masih punya tempat untuk tumbuh, atau justru hanya menambah luka yang belum sembuh. Setiap bayangan tentangnya membawa sedikit kehangatan sekaligus sedikit getir, seakan harapan dan kenyataan saling berkejaran tanpa pernah bertemu. Namun di tengah segala keraguanku, ada sisi kecil dalam diriku yang tetap ingin percaya pada kemungkinan—meski aku tahu kemungkinannya begitu tipis. Dan dari ruang yang rapuh itu, aku mengungkapkan sesuatu yang bahkan sulit kuakui pada diri sendiri.

APAKAH MUNGKIN KAU menjadi milikku?

Aku jatuh suka pada dirimu
Senyuman manismu menerangi duniaku
Kamulah yang kusuka dan kumau
Tapi aku tak mampu dapatkanmu
Apakah mungkin kau menjadi milikku?
Kau sudah dengan dirinya
Kau sudah tolak cintaku
Kau tak mau denganku
Aku masih cinta pada dirimu
Cantik wajahmu membuatku terheran
Kamulah yang kucinta dan kubutuh
Meski kau tak anggap aku ada
Apakah mungkin kau menjadi milikku?
Kau sudah cinta dirinya
Kau abaikan cintaku padamu
Kau hiraukan pesan singkatku
Sepertinya tak mungkin kau menjadi milikku
Tapi cintaku padamu tetap semakin kuat
Meski kau telah bersikap dingin padaku

Ketahuilah bahwa cintaku itu tulus
Aku masih ingin kau jadi milikku
Meski kau sudah menjadi milikknya
Aku akan terus menyayangimu
Apakah mungkin kau menjadi milikku?

ADA PAHIT YANG HALUS ketika aku mengakui bahwa keinginanku dan kenyataan tidak pernah berjalan beriringan. Namun dari kejujuran inilah aku menyadari bahwa mencintai tak harus berarti memiliki; kadang ia hanya menuntut keberanian untuk tetap lembut meski tidak dibalas. Dan meskipun jawabannya mungkin tidak pernah berubah, hatiku perlahan belajar menerima batas yang tidak bisa kutembus.

Ada harapan yang tumbuh dari celah-celah kecil—dari momen yang tak sengaja, dari perubahan yang tampak seolah memberi ruang. Di tengah ketidakpastian, aku sering mendapati diriku berdiri di antara dua dunia: dunia yang memintaku untuk melepaskan, dan dunia yang mengundangku untuk percaya sekali lagi. Ada detik-detik ketika aku merasa kemungkinan itu nyata, seakan hidup memberi kesempatan baru setelah sekian lama menunggu. Namun ada pula saat-saat ketika aku sadar bahwa mungkin aku hanya sedang memungut serpihan yang bukan untukku. Meski begitu, hatiku tetap berjalan, memikul harapan yang rapuh namun jujur.

MUNGKIN AKU JADI MILIKMU

Sejak dulu kamu kusuka
Waktu kamu masih dengannya
Terangmu mengusir kegelapanku
Tuhanmu jadi Tuhanku
Cinta pada kekasih orang
Kucintai kau dalam diam
Lalu kau putus dengannya
Sedih terlihat di wajahmu
Kudekati kau perlahan
Mungkin aku jadi milikmu
Kau tolak cinta tulusku
Jatuh aku dalam jurang
Pesan singkat kau abaikan
Sapaan hangat tak terdengar
Dingin sikapmu padaku
Kukira kau masih hancur
Kau dekat dengan pria baru
Kau dan dia saling suka
Mundur aku ke belakang

Harapanku musnah
Tak ada status jelas
Walau kau selalu dengannya
Bermesraan tanpa hubungan
Komitmen yang belum terlihat
Dia belum beri kepastian
Mengapa kau mau dengannya?
Harapanku kembali menyala
Mungkin aku jadi milikmu
Sepertinya kau bisa kumiliki
Aku bisa beri kepastian
Jadilah kekasihku saja
Akan kujaga senyumanmu itu
Takkan kubiarkan kau sakit
Kutanggung beban hidupmu
Kulindungi hati indahmu
Selamanya aku untukmu
Belum ada kejelasan
Tuhan belum jawab doaku
Apa bisa jadi milikku?
Hanya berharap yang terbaik
Jangan jalani ketidakpastian
Janji setia kau kucinta
Biar Tuhan berimu kebahagiaan
Sebab senyummu itu senyumku

HARAPAN MEMANG SERING menyesatkan, namun ia juga menyimpan ketulusan yang sukar kupungkiri. Ada bagian dalam diriku yang ingin percaya bahwa segala kerumitan ini akan menemukan jawabannya pada waktunya. Meski tidak ada yang pasti, aku tetap memilih mendoakan yang terbaik baginya—sebab mencintai seseorang kadang berarti memberi ruang bagi kebahagiaannya, meski bukan aku yang menjadi tujuannya.

Ada kenyataan yang sulit diterima meski telah berkali-kali kuucapkan pada diriku sendiri. Cinta yang kutawarkan seolah berdiri di depan pintu yang tak pernah terbuka, dan setiap usaha untuk mendekat justru membuatku semakin sadar bahwa hatinya tidak berlabuh ke arahku. Dalam keheningan, aku mencoba memahami perbedaan antara mengasihi dan memaksakan diri untuk layak. Ada perih yang lembut, semacam luka yang tidak berdarah namun tetap terasa. Dan perlahan, aku belajar menerima bahwa tidak semua rasa akan menemukan tempatnya.

BUKAN AKU YANG KAU mau

Aku jatuh cinta padamu tahun lalu
Aku telah berusaha dekati dirimu
Aku ingin menjadi pria idamanmu
Tapi sayangnya bukan aku yang kau mau
Entah mengapa bukan aku yang kau mau
Apa yang bisa kuperbuat untukmu kasih?
Aku ingin menjadi pria yang kau mau
Aku ingin membuatmu tersenyum bahagia
Aku selalu mengasihimu sejak tahun lalu
Aku sudah mencoba luluhkan hatimu
Aku mau jadi kekasihmu yang baik
Tapi tetap saja bukan aku yang kau mau
Entah kenapa bukan aku yang kau mau
Apa yang kau mau kulakukan untukmu?
Aku ingin menjadi lelaki yang kau perlu
Aku ingin jadi alasanmu tertawa selalu

ADA KEIKHLASAN YANG tumbuh dari kesadaran bahwa tidak semua cinta dapat dibalas, seberapa pun tulusnya ia ditawarkan. Dalam menerima itu, hatiku mungkin terluka, namun perlahan ia juga belajar berdamai. Mungkin suatu hari nanti aku akan mengerti bahwa menjadi cukup tidak selalu berarti menjadi dipilih. Untuk sekarang, aku hanya ingin berjalan dengan lebih tenang.

Ada rindu yang tidak meminta apa pun selain kesempatan untuk memastikan bahwa seseorang yang pernah kita cintai masih baik-baik saja. Rindu yang tidak menuntut balasan, tidak meminta ruang, hanya ingin tahu apakah dunia memperlakukannya dengan lembut. Namun terkadang, keinginan sederhana itu terasa seperti sebuah keberanian yang tidak lagi kumiliki. Ada batas-batas yang tak boleh kulewati, meski hatiku terus mendorongku untuk mendekat. Dalam diam, aku belajar bahwa kepedulian pun kadang harus dipendam demi menghormati jarak yang sudah tercipta.

INGIN TAHU KABARMU

Bolehkah aku bertanya padamu?
Walau bukan aku yang jadi pacarmu
Apakah kau bahagia di sana?
Apakah dia bisa menyenangkanmu?
Aku ingin tahu kabarmu
Apa hubunganmu baik dengan pacarmu?
Apa kau tidak menangis karenanya?
Apa kau baik-baik saja?
Izinkan aku bertanya padamu
Meski bukan aku yang kau butuhkan
Apakah hidupmu semakin baik dengannya?
Apakah dia benar memang yang kau mau?
Aku ingin tahu kabarmu
Apa kau diperhatikannya setiap hari?
Apa kau yakin ingin selalu bersamanya?
Apa kau bahagia bersamanya?
Andai saja aku boleh bertanya padamu
Sayangnya aku bukan siapa-siapa
Tak berhak aku tanya kabarmu
Sebab kau sudah jadi miliknya

Aku ingin tahu kabarmu
Tapi kau tak anggap aku ada
Maafkan aku yang penasaran
Aku hanya ingin kau bahagia

ADA KEHENINGAN YANG menahan langkahku setiap kali aku ingin mendekat. Aku tahu tak ada tempat untukku di sisinya, namun kepedulian ini tetap hidup, meski harus diam dan tersembunyi. Mungkin beginilah cara hati menjaga jarak tanpa kehilangan belas kasih. Dan dari jauh, aku tetap mendoakan yang terbaik untuknya.

Ada saat ketika kenyataan berdiri tepat di hadapan kita—tenang, jelas, dan tak bisa lagi disangkal. Pada momen seperti itu, hati berhenti melawan dan mulai menerima bahwa seseorang yang begitu berarti bagi kita justru menemukan bahagianya di tempat lain. Ada getir yang lembut, bukan karena kalah, tetapi karena harus merelakan sesuatu yang tak pernah benar-benar menjadi milik. Namun di balik perih itu, muncul juga kehangatan kecil: keinginan tulus agar ia diperlakukan dengan lembut oleh orang yang dipilihnya. Dan dari jauh, aku belajar mencintai tanpa menggenggam.

DIA MILIKMU

Dia wanita yang kusuka
Tapi tak tersenyum lagi dia kepadaku
Aku tak diinginkannya
Kamulah yang dia mau
Dia milikmu
Dia tersenyum lebar bersamamu
Menggandeng tanganmu dengan bahagia
Dia diberkati saat denganmu
Dia perempuan yang kucinta
Tapi dia tak anggap aku ada
Aku tak dipeduilkannya
Kamulah yang dia cinta
Dia milikmu
Dia tertawa lepas bersamamu
Menatap matamu dengan hangat
Dia bahagia menjadi milikmu
Tak ada tempat bagiku
Tak sempat membuatnya tersenyum
Jangan kau lukai hatinya
Sebab senyumannya adalah anugerah terindah

Dia milikmu
Bahagiakanlah dia selamanya
Undang aku ke pernikahanmu suatu hari nanti
Biar aku bisa lihat dia bahagia

-

Ada keikhlasan yang perlahan bertunas ketika aku mengaku pada diriku sendiri bahwa kisah ini bukan tentang memiliki, tetapi tentang mendoakan. Mungkin aku tidak pernah menjadi bagian hidupnya, namun cintaku tetap menginginkan yang terbaik bagi dirinya. Dan bila suatu hari aku melihatnya berjalan menuju masa depan dengan damai, itu sudah cukup menjadi jawaban bagi seluruh luka yang pernah singgah di hatiku.

Ada waktu-waktu ketika aku harus mengakui bahwa tidak semua jarak tercipta karena kesalahan seseorang. Kadang hati hanya tidak menemukan rumahnya, meski ia sudah mengetuk dengan cara paling lembut yang ia bisa. Dalam kesunyian itu, aku belajar melihat diriku tanpa menuntut apa pun darinya—bahwa ketidakcocokan bukan dosa, dan penolakan bukan hukuman. Ada kedewasaan yang perlahan tumbuh ketika aku mulai memahami bahwa setiap orang berhak memilih kebahagiaannya sendiri. Dan di antara seluruh rasa yang masih tinggal, aku mencoba menerima kenyataan ini dengan hati yang lebih tenang.

BUKAN SALAHMU

Kau tak anggap aku berharga
Bukan salahmu aku tak bersinar di matamu
Kau hiraukan cintaku yang tulus
Mungkin aku tak menarik di matamu
Semua salahku yang kurang baik untukmu
Seandainya aku bisa lebih hebat bagimu
Aku ingin jadi pria yang kau andalkan
Aku ingin jadi teman yang kau percaya
Kau tak anggap aku penting
Bukan salahmu aku tak baik di matamu
Kau abaikan kasihku padamu
Mungkin bukan aku yang kau mau
Semua salahku yang tak bisa menghiburmu
Seandainya aku bisa jadi sandaranmu
Aku ingin jadi sahabatmu kala suka dan duka
Aku ingin jadi yang kau doakan setiap hari
Bukan salahmu aku bukan tipemu
Aku tak cukup bijak bagimu
Maafkan aku yang tak membahagiakanmu

Izinkan aku berdoa kau selalu bahagia

PADA AKHIRNYA, MENERIMA bukan berarti menyerah—ini hanya cara lain untuk menjaga hati tetap utuh. Aku mulai mengerti bahwa mencintai seseorang tidak menjamin bahwa kita akan menjadi bagian hidupnya. Dan dari pengertian itulah, aku menemukan ruang untuk melepaskannya dengan lembut, sambil tetap menyimpan doa terbaik untuknya.

Ada kekosongan yang sulit dijelaskan ketika sebuah kehadiran yang biasa kita nantikan tiba-tiba hilang dari tempatnya. Ruang yang sama tetap berdiri, cahaya tetap menyala, namun ada sesuatu yang tidak menyentuh tanah—seperti langkah yang tertahan di ambang pintu. Di tengah hiruk-pikuk yang berjalan sebagaimana mestinya, diam justru menjadi gema paling keras. Ada rindu yang tidak meminta jawaban, hanya ruang untuk bernapas. Dan di balik kesunyian itu, hati mencoba berdamai dengan apa yang tidak dapat digenggam.

KAU TAK HADIR

Hari ini kelam tanpamu
Kau tak hadir di ibadah hari ini
Aku ingin tahu kau di mana
Tapi kau sudah jadi miliknya
Kau tak hadir malam ini
Merana aku bila kau absen
Bahkan kehadiranmu tak layak kunikmati
Aku hanya ingin kau hadir
Hari ini gelap tanpamu
Kau tak hadir di gereja malam ini
Aku ingin tahu kemana dirimu
Tapi kau tak pernah pedulikan aku
Kau tak hadir hari ini
Galau aku bila kau tak ada
Kehadiranmu tak dapat kurasakan
Aku hanya mau kau hadir
Kau tak hadir lagi hari ini
Aku hanya ingin bersamamu
Melihat senyumanmu dengan dirinya
Tapi itupun tak dapat terpenuhi

KADANG KETIDAKHADIRAN lebih terasa daripada kehadiran itu sendiri. Ia meninggalkan jeda yang sulit ditutup, seolah ada sesuatu yang tak selesai. Namun dalam jarak itu, hati belajar menahan diri, belajar mengakui batas yang tidak dapat dilintasi. Dan perlahan, kesunyian menjadi tempat untuk menemukan kembali langkah yang sempat goyah.

III. Luka: Ketika Kenyataan Tidak Sama Dengan Harapan

Berjalan menuju kenyataan sering kali terasa seperti memasuki ruangan yang terlalu terang—setiap detail tampak jelas, setiap luka terlihat tanpa penutup. Di sini, harapan yang pernah hangat perlahan kehilangan warnanya, berubah menjadi bayangan yang memanjang di lantai hati. Ada saat-saat ketika dunia tidak menjawab keinginan kita, dan diam justru menjadi tanda yang paling menyakitkan. Namun di tengah getir yang tak bisa disembunyikan, jiwa tetap mencari cara untuk memahami apa yang terjadi. Bagian ini adalah perjalanan melewati detik-detik yang mengguncang, ketika cinta tidak kembali, ketika langkah terasa limbung, ketika hati bertanya tanpa menemukan jawaban.

Di ruang inilah luka berbicara dengan suara yang pelan, namun jujur—menuntun kita menatap apa yang selama ini kita hindari.

Ada hari-hari ketika kehadiran terasa rapuh, seperti jejak yang hilang sebelum sempat disadari. Dalam sunyi semacam itu, aku belajar menelan jarak yang tidak pernah diminta, namun harus diterima. Ada pertanyaan yang menggantung, tak bersuara, namun beratnya menempati seluruh dada. Kadang sebuah sapaan menjadi ujian kecil bagi hati—entah disambut, entah dibiarkan berlalu. Dan di tengah ketidakpastian ini, jiwa mencoba tetap lembut, mencoba tetap berharap, meski jawabannya tak pernah benar-benar datang. Ada keheningan yang harus dilewati, perlahan, tanpa memaksa siapa pun untuk tinggal.

TAK DIANGGAP

Aku menyapa kamu dengan hangat
Kau tak anggap sapaanku
Aku tak dianggap olehmu
Padahal kau ramah dengan orang lain
Salah apa yang telah kuperbuat?
Apa aku buat kamu marah?
Maafkan aku jika aku salah
Jangan abaikan kasihku kepadamu
Aku bertemu kamu lagi
Kau tak anggap aku ada
Aku tak dianggap olehmu
Padahal kau tersenyum kepadanya
Dosa apa yang telah kulakukan?
Apa aku buat kamu sedih?
Maafkan aku jika kamu marah
Jangan abaikan cintaku kepadamu
Aku tak dianggap olehmu
Tolong maafkan aku yang salah
Aku ingin kamu tersenyum kepadaku

Jangan anggap aku tiada hari ini

DALAM SENYAP YANG TERTINGGAL, aku perlahan memahami bahwa tidak semua ruang dapat ditempati, dan tidak semua hati mampu disapa. Namun dari luka kecil itulah kesadaran tumbuh—bahwa kerinduan pun perlu belajar berjalan tanpa bergantung pada balasan. Dan pada akhirnya, kelembutan tetap menjadi pilihan, meski dunia tidak selalu memandang ke arah yang sama.

Ada momen ketika aku menyadari bahwa kehadiran diriku tidak mengguncang apa pun di dunia orang lain. Sebuah kesadaran kecil namun tajam, seperti udara dingin yang menyelinap ke dalam ruang yang sebelumnya hangat. Kadang perasaan menuntun kita ke tempat yang tidak membalas langkah, namun tetap kita datangi karena hati tak selalu tunduk pada logika. Di tengah pertanyaan yang tak terjawab, kita belajar menahan diri untuk tetap lembut, meski tak dianggap. Dan dalam diam, tersimpan keberanian untuk mengakui betapa dia dapat berarti begitu besar, bahkan ketika diriku hanya angin lalu bagi yang kucinta. Sunyi semacam ini mengajarkan bahwa cinta pun memiliki cara sendiri untuk merendahkan dan meninggikan hati.

GAK PENTING

Kau adalah perempuan yang kusuka
Kuyakini kau penting di hidupku
Tapi kau selalu abaikan diriku
Kau anggap aku gak penting
Kau kusuka dan kucinta selalu
Kaulah terang dunia ciptaan Tuhan
Tapi ku tak terlihat di matamu
Kau telah anggap aku tiada
Kamu sudah dimiliki dia
Dialah yang penting bagi hatimu
Dialah yang kamu prioritaskan
Dialah yang kamu suka dan cinta
Kau abaikan cintaku padamu
Perhatian dan pesanku kau tak pedulikan
Aku gak penting di matamu
Mengapa dia penting tapi aku tidak?

PADA AKHIRNYA, HATI belajar menerima bahwa tak semua perhatian harus kembali ke pangkuan yang memberikannya. Ada keikhlasan yang perlahan tumbuh di antara luka dan keheningan. Dan meski jawabannya tetap tak berpihak, jiwa tetap melangkah—lebih tenang, lebih matang, lebih siap melepas apa yang tak bisa digenggam.

Ada hari-hari ketika batin terasa seperti ruang yang tak selesai dirapikan—kursi masih miring, jendela belum tertutup rapat, dan angin membawa sesuatu yang tak bernama. Dalam keheningan itu, hati mencoba menimbang apa yang pantas dirasakan dan apa yang seharusnya dilepas. Namun tidak semua yang kita rasakan siap mengikuti keputusan yang matang; beberapa justru membandel, menetap, dan berdenyut. Di tengah kekacauan kecil itulah kita belajar bahwa kerinduan memiliki cara sendiri untuk bertahan. Kadang hati hanya ingin didengar, tanpa perlu dijelaskan, tanpa perlu dibenarkan. Sebuah ruang hening tercipta, semata-mata agar perasaan dapat bernapas.

GALAU

Setiap hari aku mencintaimu
Tapi kau tak pedulikan perasaanku
Setiap hari aku galau
Karena kau abaikan aku
Galau aku tanpa dirimu
Saat kau hadir pun kau abaikan aku
Galau aku jika kau begitu
Padahal kau dengan orang lain tak begitu
Setiap hari aku memikirkanmu
Meski kau tak pedulikan aku
Setiap hari aku galau
Karena kau hirakukan diriku
Galau aku tanpa hadirmu
Kau bersikap dingin kepada diriku
Galau aku saat kau begitu
Padahal dulu kau bersikap hangat denganku

ADA SAAT KETIKA KEGELISAHAN perlahan menemukan bentuknya sendiri, lalu mereda bukan karena keadaan berubah, tetapi karena hati mulai menerima ritme baru. Dalam penerimaan itu, ada ketenangan yang tumbuh, halus namun nyata—seperti cahaya kecil yang tetap menyala di sudut paling sunyi. Semoga dari kegamangan ini, lahir keberanian untuk melangkah lebih jernih.

Ada kalanya perasaan datang seperti cuaca yang tak diundang—pelan, lalu memenuhi seluruh langit batin. Dalam diam, aku mencoba merapikan napasku, mencari alasan mengapa hati begitu mudah berguncang. Namun tidak semua yang retak menandakan kelemahan; kadang itu hanyalah tanda bahwa kita pernah berharap dengan sungguh-sungguh. Di sela keramaian, kesunyian kecil tumbuh, memanggil kita untuk menatap diri sendiri lebih jujur. Dan dari keheningan itu, lahirlah pertanyaan-pertanyaan yang tak selalu meminta jawaban. Cukup meminta keberanian untuk tetap merasa.

MERANA

Tak kusangka ku merana hari ini
Padahal baru saja ku bertemu denganmu
Ku rasa merana sebab kau jauh dariku
Sekalipun kita berjumpa s'tiap sabtu
Melihatmu tersenyum itu yang kumau
Tapi ku merana sebab kau senyum karena dia
Aku merana sebab bukan aku alasanmu tersenyum
Ku ingin dekat di hatimu oh kasih
Ternyata ku merana lagi hari ini
Walau kita baru saja berjumpa di gereja
Ku merana lagi karena aku jauh di hatimu
Meski kita berjumpa hari ini
Memandangmu tertawa itu yang kuingin
Tapi ku merana sebab kau tertawa bersamanya
Lagi-lagi ku merana karena bukan aku yang buat kau begitu
Ku ingin selalu bersamamu oh cinta
Merana lagi dan lagi
Lelah hatiku berharap akan cinta
Apa ku tak ditakdirkan bersamamu?
Apa nasibku itu sendiri sampai mati?

Oh Tuhan pertolonganku
Waktu aku takut, aku ini percaya kepada-Mu
Kuserahkan kekhawatiranku pada-Mu
S'bab Kau Allah yang dekat pada orang yang hancur hatinya
Ku merana tapi kuingat masih ada Yesus
Ada harapan dalam kasih

KETIKA SEGALA TERASA berat, hati perlahan belajar membiarkan malam berlalu sebagaimana adanya. Ada keteduhan yang muncul bukan dari jawaban, melainkan dari kesadaran bahwa rasa sakit pun memiliki batasnya sendiri. Dan di batas itu, secercah penghiburan tumbuh—diam, namun cukup untuk menuntun langkah berikutnya. Semoga hati menemukan ruang yang lebih lapang setelah badai ini mereda.

Ada saat-saat ketika hati berjalan lebih pelan daripada langkah kita, seolah ingin memastikan setiap denyutnya masih dapat ditanggung. Dalam kesunyian itu, muncul rasa getir yang tak sepenuhnya bisa ditolak, namun juga tak sanggup sepenuhnya diucapkan. Barangkali penolakan bukan sekadar peristiwa, melainkan ruang hening tempatku belajar menata ulang diriku. Sengatan kecilnya mengingatkan bahwa keinginan tak selalu berpihak, meski kasih telah dicurahkan setulus mungkin. Namun dari celah yang perih itu, tetap ada kesempatan bagi jiwa untuk bernapas, meski hanya setitik. Dan pada titik itulah keberanian seringkali mulai tumbuh kembali, tanpa suara.

DITOLAK LAGI

Aku mencintai dia yang menawan hatiku
Walau dia tak mau bersama denganku
Tak dianggap kehadiranku
Cintaku telah ditolak olehnya
Cinta yang tulus ditolak lagi
Kisah lama yang terulang kembali
Apa ini salahku yang kurang baik untuk dia?
Seandainya aku bisa buat dia tersenyum
Aku mengasihi dia yang mempesona diriku
Walau dia tak pedulikan aku
Tak bersikap hangat padaku
Cintaku telah diabaikan dirinya
Cinta dari hatiku telah ditolak lagi
Luka baru memperburuk luka lama
Mengapa selalu kurang baik untuk wanita yang kusuka?
Seandainya aku bisa buat dia tertawa
Ditolak lagi aku oleh dunia
Sepertinya tak ada yang mau denganku
Siapa yang mau dengan orang depresi?

Mungkin dia tak bisa lihat masa depan denganku

DAN KETIKA SEGALA TERASA runtuh, diam-diam hati tetap menyimpan kekuatan yang tak selalu tampak. Kesedihan mungkin menempel, tetapi ia tidak sepenuhnya menentukan langkah berikutnya. Dalam jeda yang sunyi, aku dapat menemukan kembali diriku—perlahan, namun jujur. Semoga dari luka yang terbuka, lahir keteguhan yang tak pernah disadari sebelumnya.

Ada masa ketika langkah tak lagi menemukan arah yang tegas, dan hati berdiri di persimpangan yang terus berubah bentuk. Dalam keraguan itu, aku belajar menahan napas lebih lama dari biasanya—menimbang antara mendekat atau menjaga jarak, antara merawat rasa atau membiarkannya padam perlahan. Di tengah tarik-menarik yang sunyi ini, kejujuran menjadi satu-satunya cahaya yang tersisa, sekalipun redup. Begitu banyak kemungkinan yang menggantung, namun tak satu pun memberi janji yang pasti. Dan tetap saja, hati memilih untuk merasa, meski semua tampak rapuh. Dalam kebimbangan itulah aku melihat diriku lebih jernih, meski sedikit perih.

SERBA SALAH

Aku hancur hati karena kau menolakku
Kau tak mau jadi temanku
Tapi aku tetap selalu bertemu denganmu
Setiap minggu di tempat itu
Aku tak mau bertemu denganmu
Sebab kau hanya membuat aku terluka
Aku mau bertemu denganmu
Sebab aku mau bersamamu
Serba salah hidupku sekarang
Beri tahu aku apa yang harus aku lakukan
Aku tak tahu harus apa
Seandainya kau juga mencintaiku
Aku tetap bertemu denganmu
Aku rindukanmu jika kamu tak hadir
Aku merasa asing jika kamu hadir
Aku masih sayang sama kamu
Kenapa cintaku padamu semakin membara?
Padahal tak ada tanda keberhasilan dalam mencintaimu

Kenapa aku malah semakin sering mendoakanmu?
Padahal aku jauh di hatimu
Serba salah aku hari ini
Mencintaimu membuatku berharap
Walau harapan itu mungkin mengecewakan
Tak mencintaimu juga aku tak mampu
Mungkin ada yang harus menggantikanmu di hatiku
Mungkin lebih baik bila kau tetap di hatiku
Tak paham apa yang terjadi
Aku kacau, aku serba salah

KADANG PERJALANAN TIDAK meminta jawaban, hanya keberanian untuk tetap melangkah, meski tanpa kepastian. Dalam riuh lembut perasaan yang saling bertabrakan, ada ruang kecil bagi hati untuk beristirahat sejenak. Mungkin dari ruang itu suatu hari lahir kejernihan, ketika hati siap melihat segalanya tanpa terburu-buru.

Ada saat ketika nama dia menjadi gema yang tak mau reda, berjalan jauh namun tetap tinggal di dalam diri. Dalam diam yang panjang, hati meraba-raba alasannya sendiri, mengapa kembali pada tempat yang tak menjanjikan pelukan. Mungkin karena kenangan lebih kuat daripada logika, atau karena harapan selalu mencari ruang, sekecil apa pun itu. Dan di tengah semua itu, aku belajar menerima bahwa rasa kadang memilih jalannya sendiri—pelan, lembut, dan tak selalu masuk akal. Di ruang batin yang tenang, kejujuran menjadi sahabat satu-satunya. Ia duduk bersama luka dan kerinduan, tanpa terburu-buru memutuskan apa yang benar.

LAGI-LAGI KAMU

Kau telah jauh dariku
Sepertinya tak mungkin aku mendapatkanmu
Tapi kamu telah kucinta sepenuh hati
Tak mau aku jauh darimu
Lagi-lagi kamu yang kumau
Meskipun kau telah berpaling dariku
Lagi-lagi kamu yang kusuka
Padahal kau tak sukai aku
Kau abaikan cintaku padamu
Tak ada harapan untuk dapatkan cintamu
Tapi namamu selalu terucap dalam doaku
Tak mau aku berhenti mengasihimu
Lagi-lagi kamu yang kurindukan
Meskipun kau tak terima cintaku
Lagi-lagi kamu yang kudoakan
Padahal kau tak pedulikan aku
Tak bisa kamu tak hadir di pikiranku
Aku selalu berharap kamu bahagia
Lagi-lagi kamu yang kusayang

Semoga cintaku padamu tak sia-sia

MUNGKIN CINTA TIDAK selalu berubah menjadi kepemilikan, tetapi tetap bisa menjadi kehadiran yang lembut. Di tepi perasaan yang tak terbalas, aku masih bisa mendoakan kebahagiaan bagi yang dijaga hatiku. Dan dalam doa yang tenang itu, hati menemukan cara untuk tetap bernafas.

Ada waktu-waktu ketika hati berusaha menerima kenyataan yang terlalu tajam untuk digenggam, namun tetap mustahil untuk dilepaskan. Di dalam diam, aku menimbang dirinya sendiri—apa yang kurang, apa yang hilang, apa yang tak pernah cukup. Rasa itu berjalan perlahan, seperti bisikan yang tidak ingin didengar namun tak bisa dihindari. Meski begitu, ada ketenangan kecil dalam mengakui apa adanya: bahwa cinta pun kadang datang kepada mereka yang merasa tak pantas. Dan pengakuan itu, seberapa pun menyakitkannya, tetap membawa kejujuran yang lembut ke dalam ruang batin.

TAK LAYAK DICINTAIMU

Aku mencintaimu sepenuh hati
Tapi kau tak pedulikan keberadaanku
Sebenarnya aku tahu bahwa aku itu
Tak layak dicintaimu
Kaulah terang dunia
Indah seperti matahari
Aku kegelapan dunia
Tak layak dicintai oleh terangmu
Kau terlalu berharga untukku
Tapi kau tak anggap ku berharga
Aku tahu aku tak layak dicintaimu
Tapi aku sudah jatuh cinta
Kaulah cahaya mentari
Bersinar seperti bintang
Aku hanya bayanganmu
Tak layak dicintai oleh sinarmu

NAMUN PADA AKHIRNYA, setiap hati menyimpan kerinduan untuk dilihat apa adanya, tanpa ukuran atau pembandingan. Dalam kesadaran itu, aku belajar berdiri lebih tenang, tidak lagi memohon untuk menjadi cukup, tetapi merawat diriku perlahan. Dan di tempat yang sunyi itu, kerinduan menemukan cara untuk tetap hidup tanpa melukai lebih jauh.

Ada masa ketika aku menatap kembali langkah-langkah yang telah aku tempuh, sambil menyadari bahwa kerinduan tak selalu berbuah perjumpaan. Ada jeda sunyi antara usaha dan hasil, tempat di mana hati belajar menerima hal yang tidak dapat dipaksakan. Di ruang itu, tidak ada yang perlu ditambahkan atau dikurangi; hanya kejujuran sederhana tentang apa yang dirasakan. Kadang, kegagalan bukanlah tentang kurangnya upaya, tetapi tentang garis yang memang tidak bertemu. Dan tetap saja, ada martabat lembut dalam mengakui bahwa cinta pernah diperjuangkan dengan tulus.

GAGAL MENDAPATKANMU

Aku ingin mendapatkan hatimu
Hati yang manis dan penuh cinta
Aku ingin memiliki dirimu
Terang dunia yang indah
Sayangnya aku gagal mendapatkanmu
Kau tak butuh diriku
Mengapa aku gagal mendapatkanmu?
Padahal aku sudah sangat berhati-hati
Sejujurnya aku ini telah tahu
Bahwa sulit bagiku untuk mendapatkanmu
Tapi tetap saja aku berjuang
Sebab aku tak bisa abaikan rasa cintaku
Sekarang aku gagal mendapatkanmu
Pria lain telah mendapatkanmu
Kenapa dia berhasil mendapatkanmu?
Padahal aku mencintaimu lebih dulu
Seharusnya tak kuikuti hatiku
Otak ini tahu kau sulit kudapatkan
Lain kali kuikuti saja pikiranku
Sebab hatiku hanya membuat luka

NAMUN DARI JARAK YANG kini tercipta, aku mulai mengerti bahwa tidak semua kehilangan adalah kebinasaan. Ada pelajaran halus yang diam-diam menata ulang cara hati melihat diriku sendiri. Pada akhirnya, ketenangan hadir bukan karena memiliki, tetapi karena menerima bahwa setiap cinta yang tulus tetap meninggalkan jejak yang tidak sia-sia.

Ada langkah yang perlahan kehilangan tujuannya ketika jarak tidak lagi dapat dijembatani. Di dalam hati, aku mencoba menerima bahwa kedekatan tidak selalu berarti keberuntungan, dan ketertarikan tidak selalu membuka jalan. Ada kesadaran hening yang tumbuh: bahwa cinta kadang hanya mempersilakan kita berdiri di tepi, menyaksikan kebahagiaan yang bukan untuk kita. Dan meski itu terasa berat, ada keteduhan kecil dalam tahu bahwa memberi ruang juga bentuk kasih yang tulus. Di tempat itulah kerinduan belajar menunduk, tanpa harus padam.

TAK BISA BERSAMA

Aku suka kehadiranmu
Bersamamu itu kegiranganku
Sayangnya kau sudah jadi miliknya
Kau bukan wanitaku
Kita tak bisa bersama
Kau tak cintaiku
Kau menyayangi dirinya
Aku hanya menonton dari sini
Dia sukai kehadiranmu
Senyumanmu jadi kesukaannya
Kau jadi wanita kesayangannya
Kau adalah pacarnya
Aku dan kamu tak bisa bersama
Kau tak pandang cintaku
Matamu tertuju padanya
Aku hanya melihat dari kejauhan
Kamu dan aku bukan apa-apa
Kita tak bisa bersama
Hanya bisa berdoa kau bahagia dengannya
Sebab aku tak mau kau menangis

DAN MESKI JALAN KITA berpisah tanpa pernah bersatu, ada kedewasaan yang lahir dari cara hati mengalah dengan lembut. Tidak semua yang indah harus dimiliki; sebagian cukup dihormati dari jauh. Di sanalah aku belajar bahwa merelakan pun dapat menjadi bentuk kasih yang paling tenang.

IV. Bayangan Gelap: Iri, Cemburu, dan Ketidakpantasan

Ada wilayah hati yang jarang disentuh oleh terang—tempat di mana rasa iri, malu, dan keraguan berbaur tanpa suara. Di sana, aku belajar menghadapi sisi diriku yang paling rapuh, tanpa menutupinya, tanpa memaksanya pergi. Kejujuran menjadi satu-satunya cahaya yang tersisa, walau redup dan goyah. Mengakui luka bukan kelemahan, melainkan langkah pertama menuju kedewasaan yang lebih jernih. Dalam ruang yang senyap ini, hati bergulat dengan bayangannya sendiri, mencoba memahami apa yang membuatnya bergetar. Dari pertemuan itu, perlahan muncul keberanian untuk melihat diri tanpa ilusi, tanpa pembelaan. Bayangan mungkin pekat, tetapi ia tetap bagian dari perjalanan menuju pulih.

Ada saat-saat ketika aku harus mengakui sesuatu yang tidak ingin aku akui: bahwa hatiku bergetar pada hal yang sebenarnya tidak layak aku genggam. Di dalam diam, rasa itu muncul seperti bayangan—bukan karena ingin mencuri apa yang bukan milikku, tetapi karena aku manusia yang sungguh mencinta. Tidak mudah menghadapi cemburu yang tidak boleh diucapkan, apalagi ketika dunia menyuruhku tenang. Namun di balik semua itu, ada keheningan yang mengajarkan bahwa mengakui kelemahan justru membuka jalan menuju kedewasaan yang lebih jernih. Di tempat yang sunyi inilah hati perlahan belajar membiarkan ruang bagi rasa yang berat, tanpa harus membenarkan atau menghakiminya.

TAK PANTAS CEMBURU

Aku mencintaimu dari jauh
Tak mampu katakan aku sayang
Sebab kau sudah memilikinya
Kau tak tersenyum kepadaku
Senyumanmu hangat kepadanya
Indah cintamu dia rasakan
Aku tak pantas cemburu
Aku bukan siapa-siapa
Aku menyukaimu sejak dulu
Tak bisa katakan aku suka
Sebab kau sudah dimilikinya
Kau tak mau denganku
Kau menggandeng tangannya
Hangat sentuhanmu dia nikmati
Aku tak pantas cemburu
Aku hanyalah penonton
Biarlah Tuhan memberkati engkau
Izinkan Tuhan menguatkanku

Jangan biarkan aku terus cemburu
Sebab aku tak pantas cemburu
Cinta ini menghanguskan aku
Kudoakan kebahagiaanmu
Biar aku tak terus cemburu
Namamu selalu kusebut dalam doa

PADA AKHIRNYA, AKU hanya bisa berjalan perlahan sambil membawa kejujuran itu di dalam diriku. Tidak untuk diperlihatkan, tidak untuk dirayakan, hanya untuk dirawat seperti luka yang perlu waktu untuk pulih. Dan dalam proses yang tenang itu, aku menemukan bahwa melepaskan genggaman bukan berarti kehilangan kasih—kadang justru menjadi bentuk cinta yang paling tulus.

Ada batas-batas halus yang terkadang hanya hidup di dalam batin, tidak tertulis, namun terasa berat untuk dilanggar. Di garis sunyi itu, hati sering kali berjalan tanpa peta, tertarik pada sesuatu yang seharusnya tidak dipeluk. Kesadaran lahir perlahan, bukan sebagai hukuman, tetapi sebagai keheningan yang menuntut kejujuran. Di sana, perasaan tidak dihadapi dengan keras, melainkan dipeluk dalam jarak yang penuh kehati-hatian. Dan dalam ruang hening itu, lahir keinginan sederhana: menjadi utuh tanpa harus merampas kebahagiaan milik orang lain.

MENGINGINI MILIK ORANG lain

Perempuan manis yang kusuka
Senyumanmu dinobatkan untuknya
Bukan aku lelaki pilihanmu
Hatimu kau berikan padanya
Tak seharusnya aku begini
Mengingini milik orang lain
Tak mau kau terluka
Tapi aku mau jadi milikmu
Senyuman yang kusuka
Tak kau tunjukkan padaku
Cintamu kau sediakan baginya
Hangat kasihmu dia rasakan
Tak boleh aku berharap
Berdosa aku terhadap Tuhan
Mengingini milik orang lain
Bodoh hati ini menginginkanmu
Tak ada tempat bagiku
Sudah penuh isi hatimu
Sadarkanku aku yang gila
Biar tak sia-sia berharap

Tak mau menjaring angin
Jauhkan hatiku darimu
Biar wanita lain bisa milikiku
Sebab aku juga mau bahagia
Terlalu kuat cinta ini
Sayang bila sia-sia
Aku juga mau dicintai
Disayangi adalah anugerah bagiku
Kesembuhan batin aku terima
Tak lagi salah berharap
Biar Tuhan yang kuatkan
Agar hidup dalam sukacita

PADA AKHIRNYA, YANG tersisa bukan lagi keinginan untuk memiliki, melainkan keberanian untuk melepaskan perlahan. Hati belajar berdiri tanpa harus menggenggam sesuatu yang bukan bagiannya. Dan di dalam jarak yang tenang itu, tumbuh harapan baru yang lebih bersih—harap yang tidak melukai siapa pun, termasuk diri sendiri.

Ada saat ketika hati enggan tunduk pada akal, bertahan pada sesuatu yang tak lagi menyambutnya. Di ruang batin yang sunyi, kekaguman berubah menjadi beban yang halus namun berat dipanggul. Tidak ada keributan, hanya gema perasaan yang terus bertanya tanpa jawaban. Aku belajar duduk tenang di tepi kerinduanku sendiri, menatap rasa dengan kejujuran yang pelan. Mungkin, bukan tentang membenci atau melupakan, tetapi tentang menerima jarak sebagai bagian dari kasih yang tak bisa memiliki.

BERHENTI MENGAGUMI dirinya

Cinta manis bermekaran
Timbulkan melodi di hati
Sayangnya dia telah menolakku
Sudah jadi milik orang lain
Tolong aku yang jatuh
Terlanjur jatuh cinta dengannya
Ajarkan diri ini lupakan
Tak bisa berhenti mengagumi dirinya
Bunga mawar menusuk dada
Tak semua bunga indah
Cinta ini pahit kurasa
Sebab dia bukan untukku
Tersiksa aku cintai dia
Tak mampu menyerah
Membara perasaan tulusku ini
Aku tak baik-baik saja
Bagaiman kalau sudah cinta?
Apa bisa berhenti mengagumi dirinya?
Hilanglah harapan fana
Hanya kecewa yang kau bawa
Tak bisa jaga hatinya

Dia tak senyum kepadaku
Sudah punya pria idaman
Aku bukan siapa-siapa
Semoga bahagia bersamanya
Senyuman yang kusuka
Berharga dirinya bagiku
Kudoakan bertemu lagi di surga

PADA AKHIRNYA, HATI yang lelah pun belajar beristirahat tanpa banyak suara. Aku tidak sepenuhnya lupa, hanya mulai berdiri lebih jauh agar tak lagi terluka. Dan di dalam jarak yang tenang itu, tersisa keikhlasan yang lembut—bukan sebagai kekalahan, melainkan sebagai bentuk kedewasaan yang sunyi.

Ada perasaan yang tumbuh tanpa pertanyaan, seperti kabut lembut yang turun perlahan ke dalam hati. Di sana, jarak tidak selalu tentang ruang atau waktu, tetapi batas yang tak terucap, yang hanya bisa dihormati dengan diam. Aku belajar menyimpan harapanku di tempat yang lebih hening, jauh dari tuntutan dunia. Aku memahami bahwa tidak semua rasa ditakdirkan untuk bersentuhan, sebagian hanya diminta untuk diterima dalam sunyi. Dan di dalam ketenangan itu, cinta berubah rupa: dari keinginan menjadi doa yang tak banyak suara.

TAK BISA DI BUMI

Kucintai kau wanita mulia
Ciptaan Tuhan yang terindah
Manis senyummu mempesona
Sayangnya kau sudah ada yang punya
Tak bisa di bumi
Pribadimu sudah dimiliki
Hanya bisa berdoa
Kita bertemu kembali di surga
Kusukai kau gadis cantik
Buatan Tuhan yang termanis
Anggun suaramu terdengar
Sekalipun kau sudah menjadi miliknya
Tak bisa di bumi
Tak berhak menginginimu
Hanya bisa beriman
Kita saling mengasihi di surga
Kukasihi kau selamanya
Tak bisa ku tak mengasihimu
Di bumi dan di surga
Pribadimu akan selalu kucinta

PADA AKHIRNYA, YANG tertinggal bukanlah tuntutan, melainkan kelapangan yang pelan-pelan tumbuh. Hati belajar berjalan tanpa menggenggam, tanpa memaksa takdir bergerak. Di ruang yang sunyi itu, cinta menemukan bentuk paling tenang: membiarkan, tanpa kehilangan maknanya.

Ada perasaan yang tidak lahir untuk dimiliki, melainkan untuk dipelajari dengan perlahan. Ia berjalan seperti bayangan sore: panjang, sunyi, dan setia mengikuti langkah tanpa suara. Di ruang yang sempit antara harap dan pasrah, hati belajar berdiri sendiri, meski dingin terus mengalir dari arah yang tak bisa dijangkau. Tidak semua keinginan berakhir sebagai milik, namun semuanya pernah menjadi rumah bagi waktu yang tulus. Di sana, sunyi bukan musuh, melainkan teman yang mengajarkan arti jarak.

BUKAN MILIKMU

Aku ingin jadi milikmu hari ini
Ingin kuberikan diriku padamu
Tapi kau telah menolak cintaku
Mungkin hatiku bukan untukmu
Aku bukan milikmu
Tak berhak aku tanya apa kabarmu
Meskipun aku sering memikirkan kamu
Apa kau baik-baik saja di sana?
Aku mau jadi milikmu selamanya
Ingin kukorbankan hidupku untukmu
Tapi kau telah abaikan kasihku
Mungkin aku tak ditakdirkan jadi milikmu
Aku bukan milikmu
Tak boleh aku berteman denganmu
Walaupun aku selalu mendoakan kamu
Apa kau bahagia tanpa aku?
Kenapa aku bukan milikmu?
Padahal aku sayang kamu
Mengapa bukan aku yang kau miliki?
Padahal aku cinta kamu

KADANG, HATI TIDAK hancur—ia hanya belajar menjadi lebih luas. Ia menerima bahwa tidak semua yang dicintai harus tinggal, dan tidak semua yang pergi berarti sia-sia. Dalam keheningan seperti ini, ada kedewasaan yang tumbuh tanpa suara, seperti akar yang menguat di dalam tanah.

Ada jarak yang tidak diukur oleh langkah, melainkan oleh keterjagaan hati. Ia hadir tanpa suara, seperti embun yang memilih jatuh di dedaunan yang tak pernah ia miliki. Di dalam dada, perasaan berjalan pelan, belajar mengenali batas yang tak bisa dilampaui. Yang tersisa hanyalah napas yang teratur, dan doa yang tidak meminta, hanya mengalir. Di situlah perasaan menemukan bentuknya sendiri: sunyi, rapi, dan tidak memaksa.

KAMU DAN DIA

Aku tak bisa membuatmu tersenyum
Kamu sudah bahagia bersama dia
Dia yang jauh lebih baik dariku
Dia yang mampu menyenangkanmu
Kamu dan dia sudah bahagia bersama
Tak ada tempat bagiku di hidupmu
Kamu dan dia sudah berpacaran
Aku hanya bisa berharap kalian bahagia
Aku tak mampu membuatmu tertawa
Kamu sudah senang bersama dia
Dia yang jauh lebih menyenangkan bagimu
Dia yang kau cintai sepenuh hati
Kamu dan dia sudah bersama-sama
Tak ada tempat bagiku di duniamu
Kamu dan dia sudah saling mencintai
Aku hanya bisa berdoa kalian baik-baik saja
Tak ada aku di hati kamu
Sebab kamu sudah bersama dia
Sejujurnya aku masih menginginkanmu
Aku mencintaimu setiap hari
Bahkan aku tak bisa selalu melihatmu
Sebab dunia kita berbeda

Apa kamu dan dia selalu bahagia di sana?
Aku ingin kamu bahagia bersama dia

BEBERAPA PERASAAN MEMANG tidak berakhir dengan genggaman, melainkan dengan keikhlasan yang perlahan menjadi tenang. Di dalam hati yang diam, ada kedewasaan yang tumbuh tanpa perlu disaksikan siapa pun. Dan dalam jarak yang tak bisa ditembus, ada cara lain untuk mencintai: dengan membiarkan, dengan merelakan, tanpa kehilangan martabat perasaan.

Ada perasaan yang tumbuh tanpa pernah meminta izin, hadir diam-diam dan menetap seperti bayang di dinding sore. Ia tidak gaduh, tidak menuntut, hanya berdiam di sudut hati yang paling sunyi. Kadang ia terasa hangat, kadang begitu perih, namun selalu jujur dalam caranya sendiri. Dalam keheningan itu, aku belajar menerima bahwa tidak semua yang dicintai akan tinggal. Ada jarak yang tak perlu diperdebatkan, hanya perlu dipahami dengan kepala tertunduk.

BUKAN PACARKU

Dia cewek yang kusuka
Indah kelopak matanya terlihat
Matanya memandang pria itu
Kekasih jiwanya yang dicinta
Sesungguhnya dia bukan pacarku
Tapi aku terlanjur cinta
Semoga dia bahagia selalu
Kudoakan dari kejauhan
Dia gadis yang kumau
Terang binar matanya kulihat
Bukan aku yang dipandang
Bunga hatinya yang disayang
Sebenarnya bukan aku pacarnya
Mengapa hati begitu sayang?
Kuharap dia selalu tersenyum
Kuberkati dalam doa
Tuhan tak tetapkan aku untuknya
Mengapa dia bukan pacarku?
Kusuka dia terlebih dulu
Cintaku tak pernah cukup

BEBERAPA RASA TIDAK diciptakan untuk dimiliki, hanya untuk dipelihara dalam diam. Ia tinggal sebagai kenangan yang hangat sekaligus getir, tanpa perlu memiliki bentuk yang utuh. Dan di antara jarak yang tak terjembatani, hati belajar satu hal: mencintai juga berarti melepaskan tanpa suara.

Ada saat di mana hati menjadi rapuh bukan karena luka besar, melainkan karena hal-hal kecil yang berulang dan tak pernah selesai. Dalam ruang batin yang sempit, pikiran berputar pelan, mencoba memahami sikap yang tak pernah benar-benar bisa dijangkau. Kata-kata menggantung seperti debu tipis di udara, tak terlihat namun terasa di napas. Keheningan menjadi tempat aman sekaligus tempat tersakit, di mana rasa kecewa duduk tanpa suara. Di sana, jiwa belajar berdiri tanpa banyak suara, hanya dengan keberanian yang lirih.

HANCURKAN AKU DENGAN sikapmu

Apa salahku padamu?
Kau terus lukai diriku
Tanpa sengaja kau tusuk
Kecerobohan yang merusak hati
Hancurkan aku dengan sikapmu
Dusta kau ucapkan
Kau bilang belum pacaran
Tapi esoknya kau bermesraan
Tak mengerti salahku
Kau buat aku bingung
Dingin tatapanmu padaku
Tak seperti cintamu padanya
Bunuh aku dengan mulutmu
Kemunafikanmu ditoleransi orang
Tersayat-sayat hatiku
Tindakan tak sesuai kata
Mengapa kau tersenyum bahagia?
Tak sadar kau sakitiku
Otak mungilmu tak kau pakai
Tanpa rasa bersalah
Merana aku karenamu

Kecewa oleh perbuatanmu
Hancurkan aku dengan sikapmu
Tolong jangan sakiti dia juga

KADANG, YANG PALING melelahkan bukanlah kebencian, melainkan harapan yang terus hidup di tempat yang salah. Aku yang terluka perlahan belajar mengenali batasku sendiri. Dan meski tak ada keadilan yang benar-benar jelas, masih ada martabat yang bisa dijaga dengan diam.

Ada ruang sunyi yang tak diisi oleh suara, melainkan oleh keberadaan yang perlahan terasa hilang. Di sanalah pikiran berjalan pelan, menyentuh batas-batas rapuh yang jarang diperlihatkan pada siapa pun. Waktu seolah menggantung, tak malas dan tak tergesa, hanya diam dalam jeda yang panjang. Hati belajar mengenali bentuk keterikatan, bukan sebagai kelemahan, melainkan sebagai pengakuan akan kebutuhan manusiawi. Dalam keheningan itu, rasa kehilangan menjadi bahasa yang tak perlu diterjemahkan.

TANPA KAMU

Apa arti hidupku tanpa kamu?
Kamulah yang menerangi gelapnya hatiku
Kamulah yang kumau setiap hari
Apa jadinya bila aku tanpa kamu?
Tanpa kamu, aku depresi
Tak bisa aku bahagia
Tanpa kamu, aku stres
Tak bisa aku lega
Mengapa aku harus hidup tanpa kamu?
Kamulah yang runtuhkan kerasnya egoku
Kamulah yang kuperlu setiap hari
Apa nasibku kalau aku tanpa kamu?
Tanpa kamu, aku sedih
Tak bisa aku sukses
Tanpa kamu, aku berduka
Tak bisa aku hidup
Janganlah kamu jauh dariku
Hancur hatiku setiap hari tanpa kamu
Lelah aku jalani hidup tanpamu di sisiku
Aku butuh kamu untuk bahagiakanku

KESEPIAN KADANG TAK meminta untuk disembuhkan, hanya ingin diakui keberadaannya. Di antara retakan halus dalam jiwa, masih ada napas yang pelan dan bertahan. Dan meski kehilangan terasa mutlak, diri tetap berjalan, setapak demi setapak, dalam sunyi yang penuh makna.

Ada rasa yang tumbuh diam-diam, seperti bayang cahaya di balik kaca yang jernih. Aku tidak menuntut untuk diperhatikan, hanya ingin tetap ada dalam jarak yang rapi. Di sanalah jiwa belajar menyimpan harap tanpa suara, memeluk keinginan tanpa permintaan. Waktu berjalan lembut, meninggalkan jejak halus yang nyaris tak terlihat, namun terasa dalam. Segala yang tak terucap menjelma menjadi napas panjang yang tenang, dan hati berdiri sendiri di antara bening dan bayang.

KACAMATA BENINGMU ITU

Aku ingin jadi yang kau pakai
Seperti kacamata beningmu itu
Kau cari setiap hari
Kau kasihi dia lebih dari aku
Kau bersihkan dengan lembut
Kau jaga binar hatinya
Beruntungnya dia jadi milikmu
Hangat kasihmu dia rasakan
Tak seperti aku yang kau acuhkan
Kacamata beningmu itu kau pedulikan
Aku kalah dengan dia
Hadirku tak berharga untukmu
Dia telah mendapatkan hatimu
Oleh dia kau tersenyum
Melihat indahnya alam semesta
Dia memberimu terang dunia
Dialah terang hidupmu
Bukan aku cahayamu
Hanya kegelapan yang tak kau pandang
Cemburu aku dengan dia
Kacamata itu kau butuhkan

Membaca Alkitab setiap hari
Saksi nyata kau mulia
Dia selalu menolongmu
Indah kelopak matamu
Terlihat jelas walau kau berkacamata
Dia menghidupkan penglihatanmu
Tapi matamu tak melihatku
Matamu tertuju pada pria itu
Dia yang bawakan tasmu
Cinta kau berikan padanya
Walau dia tak berimu kepastian
Matamu bersinar untuknya
Bagai indahnya mentari pagi
Senyuman hangat kau berikan
Beruntungnya dia dapatkan cintamu
Bagaimana dengan aku?
Selalu perhatikan dirimu
Mendoakanmu dalam diam
Tak berguna bagi kamu
Aku mau jadi kacamatamu
Menerangi hidupmu setiap hari
Tolong lihatlah cintaku ini
Janji akan bahagiakanmu
Jangan jauhkan matamu dariku
Mataku telah lekat padamu
Carilah aku senantiasa
Biar kujaga senyuman indah itu
Kulindungi kau sampai akhir waktu
Tak seperti kacamata yang rapuh
Kasihku seperti api kekal
Menghangatkanmu selama-lamanya

DAN MUNGKIN, DI ANTARA bening dan retak, ada pelajaran tentang bagaimana rindu tak selalu harus memiliki. Ada keindahan dalam jarak, ada ketulusan dalam keberanian untuk tetap lembut meski tak disentuh. Yang tertinggal bukan hanya luka, melainkan jejak kasih yang tidak goyah oleh penolakan. Dalam diam yang panjang itu, hati tetap belajar berdiri teguh tanpa kehilangan cahayanya sendiri.

V. Melepaskan: Belajar Mendoakan yang Dicinta

Di bagian terakhir ini, tidak ada lagi perlawanan atau pertanyaan yang terburu-buru. Yang tersisa hanyalah ruang sunyi yang jernih, tempat hati belajar merelakan tanpa merasa kalah. Perasaan yang dahulu menggenggam erat kini berubah menjadi telapak tangan yang terbuka, lembut, dan tenang. Di sini, cinta tidak lagi diukur dari kepemilikan, melainkan dari kemampuan mendoakan tanpa syarat.

Ini adalah ruang dewasa bagi luka yang telah belajar bernapas. Tempat di mana rindu tidak memaksa, kecemburuan melembut, dan harapan menemukan bentuk yang lebih luas dari sekadar "bersama". Di antara bayang kenangan dan langkah yang perlahan menjauh, tumbuh kebijaksanaan yang hening: mencintai bisa berarti melepaskan, dan keheningan bisa menjadi bentuk doa paling jujur.

Bagian ini bukan tentang kehilangan, melainkan tentang kelapangan. Bukan tentang hancur, melainkan tentang hati yang akhirnya belajar berdiri tanpa menggenggam. Di sinilah kasih menemukan bentuknya yang paling sunyi, paling dewasa, dan paling damai.

Di antara langkah-langkah yang tak lagi saling beriringan, ada sejenis keheningan yang tak pahit, melainkan jernih. Perasaan perlahan belajar berdiri tanpa menggenggam, seperti mata yang terbiasa pada cahaya senja. Tidak semua yang dicinta harus dimiliki, dan tidak semua doa harus terdengar keras agar bermakna. Ada bentuk kasih yang lahir dari jarak, tumbuh dalam diam, dan memilih untuk tidak menuntut. Di ruang batin yang sempit namun tenang ini, harapan tidak lagi memaksa arah, hanya mengalir pelan. Di sana, hati belajar merapikan perasaannya sendiri.

BAHAGIAKAN DIA

Dia terlihat bahagia hari ini
Aku suka melihat dia senang
Walau bukan aku alasannya
Kamu yang bahagiakan dia
Aku tak bisa bahagiakan dia
Kamulah yang dia mau
Jangan kau lukai dirinya
Aku berharap kalian bahagia
Dia selalu terlihat bahagia
Apa itu karena kamu?
Aku tak mampu bahagiakan dia
Aku hanya bisa berdoa
Buatlah dia sebahagia mungkin
Jika tidak, berikan dia padaku
Bahagiakan dia selalu
Itu tugasmu sebagai miliknya

KADANG CINTA TIDAK berakhir dengan kepemilikan, tetapi dengan kelapangan. Bukan berupa luka yang terbuka, melainkan penerimaan yang tenang dan pelan. Di sanalah perasaan diajarkan untuk tetap utuh meski tidak lagi menjadi tujuan. Dan di situ pula, hati menemukan bentuk mulianya dalam keikhlasan yang sederhana.

Ada saat ketika jarak tidak lagi sekadar ukuran ruang, melainkan cara hati belajar merelakan. Aku mengamati dari kejauhan, tanpa meminta apa pun kembali, hanya ingin tahu apakah orang yang pernah aku jaga dalam doa masih tersenyum hari ini. Ada lembut yang tumbuh dari kehilangan—bukan untuk menggantikan, tetapi untuk menenangkan. Di antara ingatan yang pelan meredup, masih tersisa sebuah harapan sederhana: semoga hidup memperlakukannya dengan hangat. Dalam senyap itu, perasaan menemukan bentuknya yang lebih dewasa.

BAHAGIA BERSAMANYA

Apa kau sekarang bahagia bersamanya?
Aku ingin tahu kabarmu setiap waktu
Padahal kau sudah jadi miliknya
Tak berhak aku penasaran
Aku harap kau bahagia bersamanya
Andai saja aku bisa lihat kau bahagia
Sayangnya kau jauh di sana
Aku harap dia bisa membahagiakanmu
Maafkan aku yang tak mampu membahagiakanmu
Aku masih ingin kau bahagia
Walau bukan aku alasanmu tersenyum
Apa kau bahagia di sana?
Aku berdoa kau bahagia bersamanya
Aku selalu ingin lihat kau bahagia
Tapi kau terlalu jauh dariku
Kurasa kau sudah bahagia bersamanya
Jangan sampai kau terluka lagi
Tak mau lihat kau berduka
Jagalah hatimu dengan dirinya
Kuingin kau bahagia bersamanya

KADANG MELEPASKAN BUKAN tentang melupakan, tetapi tentang memberi ruang bagi kebahagiaan orang lain untuk tumbuh. Doa menjadi jembatan yang tidak terlihat, menghubungkan yang tak lagi bisa disapa. Dan dalam keheningan itu, hati belajar bahwa kasih yang dewasa tidak selalu ingin kembali—cukup melihat ia aman dalam genggaman yang lain.

Ada getir yang perlahan berubah menjadi kelegaan ketika hati mulai menerima bahwa tidak semua yang aku inginkan adalah milikku. Kadang, hal paling lembut yang bisa dilakukan jiwa adalah mengakui bahwa orang lain mampu menjaga dirinya lebih baik. Dari jauh, aku belajar menata ulang rasa yang pernah ingin memiliki, menjadi restu yang pelan—namun tulus. Dalam diam, aku mulai memahami bahwa kebahagiaan yang bukan milikku tetap layak disyukuri. Dan syukur itu, meski pahit, membuka ruang bagi hati untuk pulih dengan cara yang sunyi.

BERUNTUNGNYA KAU DAPATKAN dia

Tak bisa kudapatkan dia yang kusuka
Hatinya tak ditakdirkan untukku
Tapi kau bisa dapatkan dia
Entah bagaimana kau berhasil
Beruntungnya kau dapatkan dia
Kau digandeng oleh tangan lembutnya
Beruntungnya kau dapatkan dia
Kau diperhatikannya setiap hari
Tak mampu kumiliki dia yang kucinta
Cintanya tak layak kumiliki
Tapi kau bisa buat dia tersenyum
Padahal aku dulu yang cinta dia
Beruntungnya kau dapatkan dia
Kau dicintainya setiap waktu
Beruntungnya kau dapatkan dia
Kau dimiliki oleh hati lembutnya
Aku bersyukur dia bisa bahagia
Walau dia tak bersamaku
Aku bersyukur kau bisa bersamanya
Sebab kebahagiaannya itu yang penting

Dunia anggap aku bodoh untuk bersyukur
Di saat aku seharusnya hancur hati
Beruntungnya kau dapatkan dia
Aku selalu berdoa kau bahagia bersama dia

ADA KETENANGAN YANG datang setelah merelakan, seolah dunia memberi ruang baru untuk bernapas. Di balik luka yang tak sepenuhnya sembuh, masih ada kemampuan untuk mendoakan—dan itu sudah cukup. Kadang, kebesaran hati bukan ditandai oleh memiliki, tetapi oleh keberanian untuk tetap menginginkan kebaikan bagi mereka yang pergi dari genggaman.

Ada saat ketika cinta berubah menjadi sebuah permohonan yang sunyi—bukan lagi untuk dimiliki, melainkan untuk dijaga oleh tangan yang lebih diterima daripada tanganku sendiri. Dalam ruang batin yang lembut, aku belajar menahan diri: tidak memaksa, tidak meminta, hanya merelakan dengan sisa-sisa kasih yang masih hangat. Ada kedewasaan yang tumbuh dari jarak, dari kemampuan untuk menginginkan kebaikan bagi seseorang yang tak lagi berpaling padaku. Dan di titik itu, hati menemukan bentuk pengorbanannya sendiri—tenang, tanpa pamrih, tanpa gaduh.

JANGAN BUAT DIA TERLUKA

Aku tak bisa memilikinya
Bukan aku yang dia mau
Kau beruntung telah mendapatkannya
Berbahagialah engkau sebab dia milikmu
Jangan buat dia terluka
Aku tak ingin lihat dia bersedih
Jangan buat dia menangis

Aku masih ingin lihat senyumannya
Aku tak bisa buat dia tersenyum
Bukan aku alasan dia tertawa
Kau bisa buat dia bahagia
Beruntungnya kamu dimiliki hatinya
Jangan buat dia terluka
Aku tak mau dia tersakiti lagi
Jangan buat dia menangis
Aku masih ingin lihat dia tertawa
Lindungilah senyuman yang kusuka
Aku tak ingin senyumannya hilang
Jangan buat dia terluka
Sebab kau bertanggung jawab untuk menjaga hatinya

PADA AKHIRNYA, DOA paling lembut adalah doa yang tidak meminta apa pun untuk diri sendiri. Cukup berharap ia tetap utuh, tetap tersenyum, tetap dicintai dengan cara yang layak ia terima. Dan dari kejauhan, itu sudah terasa seperti sebuah kemenangan kecil bagi hati yang pernah mencintainya.

Ada waktu ketika keheningan menjadi satu-satunya ruang aman untuk menata kembali arah hati. Tidak semua rasa harus diperjuangkan; beberapa justru perlu dilepas agar hidup kembali bernapas. Dalam jarak yang tak terhindarkan, aku belajar tentang batas—tentang menerima bahwa kasih tak selalu berbalas, dan merelakan bukan berarti kalah. Ada kekuatan lembut dalam membiarkan sesuatu tetap berada di tempat yang bukan milikku.

AKU SUDAH DENGANNYA

Di bawah bintang-bintang
Kau tatap mata indahku
Jatuh cinta dengan pribadiku
Tapi aku bukan untukmu
Aku sudah dengannya
Dialah kekasih hidupku
Jangan terus cintai aku
Sia-sia kasihmu padaku
Mengapa kau suka denganku?
Kau sudah lihat aku bersamanya
Tersayat-sayat hatimu
Masih saja kau cintaiku
Pandanganmu hasratkan cinta
Tak mungkin kubalas perasaanmu
Dia sudah memilikiku
Tidak ada tempat untukmu
Hatimu kau berikan
Teguh kasihmu padaku
Jangan korbankan dirimu
Masih ada perempuan lain
Aku sudah dengannya
Kau tak bisa memilikiku

Menyerahlah sekarang
Biar kamu tak semakin hancur
Kebahagiaanmu juga berarti
Aku bukanlah satu-satunya
Bukalah matamu lebar-lebar
Masih ada yang lain di sana
Kuharap kau jauh dariku
Cintailah orang lain saja
Janganlah kau menjaring angin
Kau juga layak bahagia

KADANG, LANGKAH PALING dewasa adalah langkah yang menjauh. Bukan karena hati berhenti merasa, melainkan karena ia mulai memahami apa yang perlu dilepaskan demi pulih. Di balik perpisahan yang tenang itu, ada harapan kecil: semoga luka berangsur sembuh, dan suatu hari—entah kapan— aku dapat mencintai dengan cara yang tidak lagi melukai diriku sendiri.

Ada saat ketika hati harus belajar menerima garis yang tak bisa diubah. Aku berdiri di ambang yang hening, mencoba memahami arah rasa yang tak menemukan rumah. Dalam kejujuran yang pelan, aku menyadari bahwa tidak semua keinginan layak dikejar, dan tidak semua kedekatan adalah takdir. Namun tetap saja, ada bagian diri yang tetap ingin bertahan, meski tahu bahwa langkahnya tak akan dibalas oleh langkah yang sama. Begitulah cinta menguji: dengan lembut, dengan sunyi.

KAU BUKAN UNTUKKU

Kau sudah jadi kekasihnya
Tak lagi tersenyum padaku
Hangat kasihmu tak kurasakan
Benang cinta tak terikat
Kau bukan untukku
Lalu mengapa aku begini?
Masih menginginkanmu
Api cinta terus membara
Kau telah jadi miliknya
Tak hangat senyummu untukku
Dingin tatapanmu padaku
Tak seperti kasihmu padanya
Aku bukan untukmu
Tak bisa memelukmu
Hasrat cinta tak pudar
Ingin membelai rambut hitammu
Sadarkan bahwa aku tak bisa
Tampar aku di pipi
Biar tak berharap lagi
Sia-sia keinginan ini
Tak mau jauh darimu

Dekat denganmu juga tak bisa
Apa yang harus kulakukan?
Aku mau selalu bersamamu
Aku mau jadi kacamatamu
Selalu kau cari
Tak dibiarkan sendiri
Menolongmu setiap hari
Kau bukan untukku
Mungkin harus berpisah
Berdoa kau bahagia di sana
Meski tak bersamaku
Haruskah pergi dalam diam?
Takkan kau rindukan aku
Hanya aku yang rindu
Mengasihimu dalam doa
Semoga bertemu lagi
Di surga maupun di bumi
Namamu selalu kuingat
Terukir dalam lubuk hatiku

AKHIRNYA, HANYA KETENANGAN batin yang dapat menuntunku kembali pada diriku sendiri. Ada damai yang perlahan tumbuh ketika aku memilih untuk merelakan, meski hati masih menoleh ke belakang. Dalam doa yang paling lembut, aku menitipkan nama yang pernah begitu berarti—sembari belajar melangkah, membawa sisa cinta yang kini berubah menjadi keikhlasan.

Ada saat ketika hati memandang sebuah hubungan dari kejauhan, lalu merasakan getar yang tak sepenuhnya dapat dijelaskan. Aku belajar bahwa perhatian yang tulus tidak selalu berbalas, dan ketulusan pun bisa berada di tempat yang tak dipilih. Dalam keheningan itulah, batin perlahan memahami bahwa cinta bukan hanya tentang memiliki, melainkan juga tentang menjaga agar yang aku sayangi tidak tersesat dalam pilihan yang menyakitkan. Dan di sela kerinduan yang tak terucap, muncul keberanian untuk menginginkan yang terbaik bagi seseorang—meski itu berarti menahan luka sendiri.

JANGAN TERUS CINTAI dia

Mengapa kau selalu bersamanya?
Dia tak beri kepastian
Bermesraan tanpa status
Hubungan yang tak jelas
Jangan terus cintai dia
Kau layak diberi kepastian
Cintailah diriku yang tulus
Janji setia selamanya cintaimu
Hubungan tanpa status
Fondasi cinta yang lemah
Bagai rumah di atas pasir
Hanyut bila terkena angin
Bukan kebenaran fondasi rumahmu
Sedikit masalah bisa merusak
Benang cinta yang lemah
Terputus jika kecewa
Diawali dari kebohongan
Bilang belum jadi pacarnya
Padahal kau menggandeng tangannya
Dia bawakan tas hitammu

Mengapa tersenyum untuknya?
Bagaimana kehidupanmu nanti?
Dari awal sudah dusta
Awas gelap menanti
Tak terbayang kau menikahinya
Kejelasan tak terlihat mata
Gawat bila hancur hati
Tak mau lihat kau menangis
Jangan terus cintai dia
Bahaya bagi hatimu nanti
Lihatlah aku yang mencintaimu
Selalu memperhatikan pribadimu
Terang masa depanmu bersamaku
Takkan kubiarkan dusta berbuah
Integritas jadi dasar cinta
Jujur selalu jadi solusi
Sayangilah diriku ini
Mengasihimu setiap hari
Pagi dan malam kudoakan
Bahagiamu itu bahagiaku
Senyuman yang kusuka
Akan kujaga setiap saat
Tangisan bahagia terdengar
Sebab kau kulindungi selalu
Biar kebenaran menyinari kita
Jadi dasar hubungan kudus
Terbuka dan apa adanya
Tak menutupi cinta kita
Pasti akan kusayangi
Janji selamanya mencintaimu
Maut tak bisa hentikan cintaku
Sebab Tuhan menyertai kita

Akulah yang terbaik untukmu
Diciptakan untuk bahagiakanmu
Bukalah matamu kasih
Yang Tuhan janjikan ada di sini

PADA AKHIRNYA, HATI perlu menemukan jalannya sendiri, bahkan ketika dunia terasa samar. Ada kejujuran lembut yang terbit dari dalam diri—sebuah pengakuan bahwa cinta yang kita tawarkan lahir dari niat yang bersih, bukan dari perebutan. Dan dalam ketulusan semacam itu, barangkali tersimpan kesempatan untuk sembuh, sekaligus kesempatan untuk benar-benar mengasihi tanpa paksaan.

Ada tanya-tanya yang muncul dari ruang terdalam hati—bukan karena kurang iman, melainkan karena manusia memang ingin mengerti arah langkahnya. Dalam hening yang panjang, aku bisa merasakan betapa rapuhnya harapan dan betapa lembutnya kerinduan. Ada pergulatan antara keinginan dan kejujuran, antara mencintai dan merelakan. Dan justru di sanalah, batin belajar menerima bahwa beberapa jawaban hanya muncul ketika hati sudah cukup tenang untuk mendengarnya.

DITAKDIRKAN BERSAMANYA

Oh Tuhan, sungguh Engkau Mahatahu
Apa aku ditakdirkan bersamanya?
Atau dia tak ditakdirkan bersamaku?
Jawablah aku, agar aku tidak salah berharap
Dia sungguh indah bagiku
Terang kasihnya memulihkan jiwa
Senyuman manisnya menyegarkan hati
Suara tawanya terdengar enak di telinga
Oh Tuhan, Kau yang tau jalan hidupku
Apa aku bisa bahagia bersamanya?
Atau dia ditakdirkan bersama orang lain?
Jawablah aku, agar tidak sia-sia ku berharap
Dia sungguh baik bagiku
Sinar matanya kalahkan semua cahaya
Kehadirannya selalu kucari
Kecantikannya membuatku terheran
Jawablah doaku ya Tuhan
Apa benar aku ditakdirkan bersamanya?
Jika iya, mengapa ia jauh di hati?
Jika tidak, mengapa aku masih berharap?
Waktu aku bimbang, ku ingat Engkau baik

Ku berserah kepada-Mu Tuhan
Tak tahu apa takdirku
Tapi ku tahu Engkau setia

KADANG TAKDIR TERASA seperti pintu yang tertutup setengah—tidak sepenuhnya jelas, namun cukup untuk membuat kita berhenti sejenak dan bernapas. Dalam ketidakpastian itu, ada ruang untuk percaya bahwa kebaikan tetap mungkin, meski jalannya berbeda dengan yang diinginkan hati. Dan perlahan, batin menemukan kedamaian: bukan karena semua terjawab, tetapi karena ia belajar menerima misteri hidup dengan lapang.

Ada momen ketika hati harus menatap kembali jejak masa lalu dengan lembut, tanpa menyalahkan siapa pun. Waktu mengajarkan bahwa beberapa hubungan tidak berakhir karena kurangnya cinta, melainkan karena hidup membawa keduanya ke arah yang berbeda. Dalam kesunyian yang matang, aku belajar menerima bahwa kebahagiaan orang lain juga dapat menjadi bentuk kedewasaan. Dan ketika akhirnya tiba saatnya melepas, tak ada yang tersisa selain penghormatan terhadap perjalanan masing-masing.

SELAMAT ATAS PERNIKAHANMU

Dahulu aku mengenalmu paling baik
Tapi aku bukan lelaki sandaranmu
Masa muda kita lewati bersama
Sayangnya takdir tak ingin kita bersama
Kau sibuk mengejar karir
Aku terlalu fokus pada pekerjaanku
Tak ada waktu untuk saling peduli
Perasaanmu telah aku abaikan
Maafkan aku yang tak mampu bahagiakanmu
Kau bukan milikku
Kau sudah bersama dirinya
Pribadi yang mampu menyenangkanmu
Meskipun terlambat, aku ingin berkata
"Selamat atas pernikahanmu"
Kuberdoa kau bahagia bersama dia
Biar Tuhan menghukum aku yang tak mampu bahagiakanmu

PADA AKHIRNYA, PERPISAHAN pun memiliki keindahannya sendiri—sebuah pengakuan bahwa cinta pernah ada, meski tak menjadi rumah. Dan di antara sisa-sisa kenangan, hati perlahan belajar berdamai, memberi restu, dan berjalan lagi dengan langkah yang lebih tenang.

Ada saat ketika sebuah kisah tak lagi meminta jawaban, hanya meminta untuk diterima dengan tenang. Di akhir perjalanan panjang ini, hati belajar bahwa cinta tidak selalu bermuara pada kepemilikan—kadang ia berakhir sebagai berkat yang dilepaskan, bukan dipegang erat. Dalam keheningan yang lembut, aku memahami bahwa kebahagiaan orang lain pun dapat menjadi ruang bagi diriku untuk bertumbuh. Dan perlahan, seluruh luka menjadi bagian dari kedewasaan yang senyap, namun nyata. Di sini, pada halaman terakhir, yang tersisa hanyalah doa yang jernih dan sebuah harapan yang tidak lagi menuntut balasan.

BAHAGIA DI SANA

Tak bisa aku bersamamu
Meskipun kau kucinta sepenuh hati
Kau sudah dengan dirinya
Tertawa bahagia bersama dia
Kuharap kau bahagia di sana
Jangan menangis sendu lagi
Senyumanmu itu anugerah indah
Menerangi hariku yang kelam
Senyuman hangatmu bukan untukku
Walaupun cintaku membara padamu
Kau sedang berkencan dengannya
Menggandeng tangannya dengan lembut
Kuberdoa kau bahagia di sana
Jangan sampai terluka lagi
Suaramu itu melodi surga
Menyinari kegelapan hati manusia

PADA AKHIRNYA, CINTA yang dilepaskan tetap menyisakan cahaya: tenang, dewasa, dan tidak memaksa apa pun. Biarlah doa menjadi penutup yang layak—sebuah restu bagi langkahnya, dan sebuah kedamaian bagi hatiku yang perlahan belajar pulih.

Terima kasih telah membaca!

Jika kamu meninggalkan ulasan untuk bukuku, kirim email ke abrahamreymond02@gmail.com, dan aku akan mengirimkan puisi bonus eksklusif khusus untukmu!

Don't miss out!

Visit the website below and you can sign up to receive emails whenever Abraham Reymond publishes a new book. There's no charge and no obligation.

https://books2read.com/r/B-A-ODCLD-LDHOI

BOOKS 2 READ

Connecting independent readers to independent writers.

Also by Abraham Reymond

7 Deadly Sins in Poetry
My Thief of Joy
Romanticized Sin

Darkness of Entertainment Industry
When Art Stands Above Life
Genius Lost in Silence
Art As Slavery

Heartbreak
Unreachable, Unavailable
Kekasih orang
Just A Dead Star
Will You Love a Depressed Person?
Puisi Novel Kekasih Orang

History of mankind
Verses of Three Kingdoms

Household Poetry

Kitchen Psalms

Daily Baptism

Lamentation

Not Dead, Not Living

Meratapi Nasib

How the Star Has Fallen

Death Is a Blessing

Lament of Sacred Spaces

Not Everyone Is Chosen

Praise & Worship Collection

The Epitome of Beauty

God of My Youth

Psalms For Children

Tuhan yang indah

Worship in Heartbreak

Registered in Heaven

Romance in the air

One Love Until the End

Senyuman yang kusuka

Girl of My Dreams

Sanctuary of the Parents

Romantic Novel in Verse

One Love Until the End: A Novel in Verse

The wonders of nature

God's Breath of Life

The Rooted Ones

Verses of animals and beasts

Ancient Echoes: Creatures of Old

Mythbeasts: Songs of the Imagined

Mythbeasts: Songs Of The Imagined, Illustrated Edition

Songs Beneath the Water

Wisdom Psalms

Wake up, sleeper

Berbahagialah

The Wisdom Chronicles

Building Churches in Our Youth

Money As My Servant

Their First Church is You

Worship Poetry Devotional

The Epitome of Beauty: A Poetry Devotional

God of My Youth: A Poetry Devotional

Standalone

Things We Overlook: A Mall Poetry Collection
Bites & Rhymes
Foundation of Logic And Reality
Girl of My Dreams
Girl of My Dreams: Illustrated Edition
Love in Style
Will You Love a Depressed Person?: Novel in Verse
Wake Up, Sleeper: A Poetry Devotional
Things We Overlook — Illustrated Edition
The Days When Magic Broke
Unreachable, Unavailable – A Novel in Verse

Watch for more at patreon.com/Reymondpoems.

About the Author

Abraham Reymond is a passionate poet whose work explores the quiet corners of life, the ache of unspoken emotions, the presence of faith, and the wonder found in both the ordinary and the imagined. His poems reflect themes of spirituality, love, heartbreak, and the overlooked moments that make us human.

With clarity, consistency, and a heart full of discipline, Reymond turns silence into verse—sharing honest, reflective poetry that speaks to readers from all walks of life. Whether rooted in reality or inspired by fantasy, every line he writes is a piece of his soul.

He shares his poetry daily across platforms and is committed to building a lasting legacy, one poem at a time. Read his fantasy books for FREE at Patreon

Read more at patreon.com/Reymondpoems.

About the Publisher

Infinite Verse is a poetry-driven creative brand founded by Abraham Reymond, offering spiritually rich, emotionally resonant writing across digital and print platforms. Its mission is to glorify God through literature, build churches in hearts, and inspire readers to find purpose in every verse.

www.ingramcontent.com/pod-product-compliance
Lightning Source LLC
LaVergne TN
LVHW040447051026
849517LV00002B/791
* 9 7 9 8 2 3 2 5 0 8 9 5 1 *